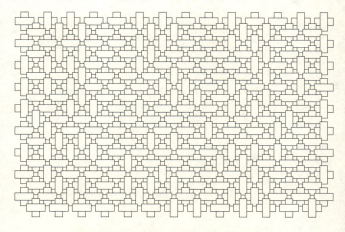

井伊直虎と謎の超名門「井伊家」

八幡和郎＋八幡衣代

講談社＋α《プラスアルファ》文庫

まえがき

江戸時代にあって、彦根藩井伊《いい》家は石高では11位で、加賀、薩摩、仙台、尾張、紀州、熊本、福岡、広島、長州、佐賀の下でした。しかし、格式については、将軍家の身内である御三家・御三卿以外では、加賀前田家に次ぎ、島津・伊達・高松松平と同格でした。

そして、常置ではありませんでしたが、大老が必要なときは、原則として井伊家から出すことになっていました。そのなかでいちばん有名なのが開国の立役者でありながら、桜田門外の変で暗殺された井伊直弼《なおすけ》です。

しかし、どうして、有力戦国大名でも三河以来の徳川譜代でもない井伊家が、こんなに重んじられたかは、ちょっとした謎です。その謎を解く鍵のひとつが、藩祖で徳川四天王の一人である井伊直政《なおまさ》の養母というべき井伊直虎《なおとら》（次郎法師《じろうほうし》）で、彼女はNHKの大河ドラマ（2017年）の主人公です。

今川・織田・松平・武田に挟まれながら必死に生き残りを図った遠江《とおとうみ》（現・静

岡県）の名門・井伊家でしたが、男たちがほとんど殺される中で、直虎は女城主として生き残り、かつての許婚《いいなずけ》の遺児である直政を支えて井伊家繁栄の基礎を築いた女傑です。ゲームの世界でも魅力的な女性ヒーローとして大活躍です。

本書の前半では、井伊家が駿河の今川や三河の松平に挟まれながらどのようにして東海の名門となり、数々の悲劇のなかから徳川将軍家を支える大黒柱ともいえる存在になったかを、戦国時代の覇権地図や意外に強かった女性の立場の紹介をまじえて解き明かします。

女性が荒くれた武将とやり合うとか、甲冑《かっちゅう》をつけて戦場に出てくるのは、江戸時代の常識では考えられないのでフィクションのように見られがちです。しかし、女性が家に閉じこもってしまったのは江戸幕府が朱子学を国教のようにしたからで、戦国時代までは日本の女性はヨーロッパからきた宣教師たちも驚くほど自由闊達だったのです。

そして、本書の後半では、関ヶ原の戦いと彦根城の築城、初代の大老とされる井伊直孝《なおたか》をはじめとする歴代藩主、近江商人が生まれた背景、井伊大老の「花の生涯」の真実を紹介します。

さらに意外にも官軍の一員として、戊辰《ぼしん》戦争を戦い、近藤《こんどう》勇《いさみ》を捕らえるなど大活躍、そして、なぜか県庁をとれなかった経緯、それから、世界遺産をめざす彦根城とその城下町の現在までを描きます。

また、東京都の世田谷区が栃木県の佐野市とともに、実は彦根藩領であった話や、ゆるキャラとして人気の「ひこにゃん」のエピソードも交じえ、小田急沿線にあって井伊直弼の墓もある豪徳寺での出来事なども紹介したいと思います。

さらに、彦根藩士の出身地の分布を見ると、山梨県が最大で、群馬県も上位、それから、越後与板《よいた》藩の井伊氏も一族であること、さらには、女系でいうと、井伊直弼の4男直安が与板藩主家の養子となり、その娘が豊後佐伯藩毛利家に嫁し、その娘が近衛文麿夫人となり、その娘が細川護熙元首相の母親なので、井伊家のお話は全国各地の人にとっても縁があるということも紹介しておきたいと思います。

そして、戦国時代の重要な舞台でありながら、これまで大河ドラマには縁がなかった浜松市は大張り切りで直虎一色ですし、彦根市も井伊大老につづくスターの誕生に沸いてます。

なお、本書の後半は、拙著『藩史物語2』（講談社）をその後の状況変化、直虎との関連、新しい研究などを採り入れて大幅に改訂した上で活用しています。

ＮＨＫ大河ドラマ「井伊直虎」のテーマと主な登場人物

遠江の有力国衆《くにしゅう》で幕末の大老・井伊直弼の先祖である井伊直盛《なおもり》には男子がありませんでした。従兄弟の亀之丞《かめのじょう》を一人娘である「おとわ」と結婚させ跡継ぎにするつもりでした。ところが、亀之丞の父・井伊直満《なおみつ》は今川義元《いまがわよしもと》に謀反を疑われて殺害されてしまい、亀之丞も命を狙われ逃亡し行方知れずになってしまいました。

この謀反を告げ口した家老の小野和泉守政直《おのいずみのかみまさなお》は、自分の嫡男・鶴丸とおとわを婚約させようとしますが、おとわは亀之丞とのある「約束」を守るため出家してしまいます。こうしておとわは「次郎法師」として暮らすことになりました。

そして、徳川家康の重臣・井伊直政の養母として、数奇な運命に翻弄されながらも、一途な愛を貫き、熱くしたたかに生き抜いた主人公の生きざまの中に、現代人が今を生き抜くヒントが満ちていました。

一方、本書は小説ではなく、歴史書ですので、分からないことは分からないこととして扱います。登場人物については、後半はだいたい史実通りだと思いますが、前半は架空の人物や史実とはだいぶ違う形で紹介される人物も多いと思います。

そこで、ＮＨＫから発表されている主たる登場人物を紹介しておきます。

●おとわ・次郎法師・井伊直虎……実名は不明。「おとわ」は架空の名。
●父・井伊直盛……主人公の父。今川家臣。桶狭間《おけはざま》の戦いで戦死。
●母・千賀《ちか》……主人公の母。今川家臣・新野左馬助《にいのさまのすけ》の妹。
●井伊直平《なおひら》……主人公の曾祖父。井伊家中興の祖。
●南渓《なんけい》和尚……菩提寺である龍潭寺《りょうたんじ》の住職。直平の子（実子ではない）。
●亀之丞・井伊直親《なおちか》……父の従兄弟で許婚。10年間消息不明。
●鶴丸《つるまる》・小野但馬守政次《おのたじまのかみまさつぐ》（道好）……筆頭家老だが今川家に忠実。
●龍雲丸《りゅううんまる》……孤児たちを束ねる盗賊団のかしら。架空の人物。
●しの……直親の妻。奥山朝利《ともとし》の娘。
●瀬戸方久《せとほうきゅう》……無一文から成功した政商。実在の人物だが脚色が予想される。
●小野和泉守政直……鶴丸の父で筆頭家老。
●新野左馬助親矩《ちかのり》……千賀の兄。アンチ小野の立場で井伊家を助ける。
●中野直由《なかのなおよし》……井伊家一門。直盛死後をまかされる。
●「竜宮小僧」……語り手。井伊家の始祖伝説にちなむ。

目次

第6章 井伊直政とその養母としての直虎

第7章　血脈を守り通した歴代藩主

第8章　「小さな政府」でまずまずの善政

第9章　幕府に井伊大老の仕事を否定され新政府側に

第10章　日本一の城下町彦根と彦根藩領だった世田谷区

第1章　井伊直虎は信長・秀吉と同世代人

どうして井伊家が譜代筆頭に

徳川四天王といえば、酒井忠次《さかいただつぐ》（1527〜96年）、本多忠勝《ほんだただかつ》（1548〜1610年）、榊原康政《さかきばらやすまさ》（1548〜1606年）、そして、井伊直政（1561〜1602年）です。

このうち、井伊直政だけがちょっと異色です。井伊家は三河でなく遠江の名門で今川家に仕えており、家康の代になってから直政が仕官したもので、「三河以来の譜代」とはいえないのです。

また、直政の年齢は、酒井忠次より34歳、本多忠勝や榊原康政より13歳も年下なのです。徳川家康が1542年生まれで、若いころにもうけた長男の信康は1559年生まれですから、残りの3人が家康の兄弟世代なのに対して、家康の子供世代なのです。

そんな井伊直政がどのようにして、徳川四天王の一角に食い込んだのかは謎と言うほかありません。

しかし、そこに遠江の国人《こくじん》領主である井伊家を支え、女地頭といわれた次郎法師直虎など何人かの男と女がおぼろげながら存在し、彼らが傑出した才能を持った少年・虎松《とらまつ》（のちの直政）を育て、家康に仕官させたことは間違いなさそうです。

ここでは、まず、戦国時代の遠江を中心とする東海道筋の状況と、主立った登場人物が誰と同じ世代に属すかを俯瞰してみようと思います。

駿河から尾張までの戦国時代

現在の静岡県は、旧国名の駿河、遠江、伊豆の三国からなります。しかし、歴史的には伊豆は関東の一部のようなものでした。源頼朝が旗揚げしたのも、戦国時代の北条氏が出たのも伊豆からです。

一方、遠江と三河はむしろ駿河と遠江以上に近しい地域でしたから、駿河・遠江・三河の三国が東海道筋としてひとつのまとまりを持った地域だったといえます。また、尾張は少し風土が違いますが交流は濃密でした。

さらに、南信州から遠江や三河の山間部への街道もよく使われていましたし、風俗や言葉も似ています。

武田信玄が最後の遠征をしたときは、浜松の北に広がる三方ケ原《みかたがはら》の戦いで徳川軍を撃破し、浜松城に目もくれず三河に進み、現在の新城《しんしろ》市の野田城を囲んでいるときに病に倒れ、甲府へ帰る途中の伊那《いな》の駒場というところで亡くなりました。有名な長篠《ながしの》の戦いがあったのも新城市でのことです。

室町時代に駿河の守護は今川氏でした。三河出身の足利一族ですが、南北朝時代に今川了俊《いまがわりょうしゅん》が九州探題として活躍するなどして駿河守護としての地位を固めました。

尾張の守護は、やはり足利一族で、幕府の管領を細川・畠山両氏と交代でつとめた斯波《しば》氏で、守護代は織田氏でした。

三河は鎌倉時代に足利氏が守護だったことから、その一族の多くが土着し、そのなかから細川、今川など多くの有力大名が出ました。その関係で足利一族で今川氏と近い吉良《きら》氏など有力武士の所領が錯綜し、守護の力はそれほどでもありませんでした。

戦国時代になると、多くの国人領主が台頭してきましたが、そのなかでとくに、岡崎の北、豊田市の東に広がっていた加茂郡から出た松平氏がありました。

遠江では、今川氏が守護だった時代もありましたが、斯波氏がこれに代わりました。しかし、応仁の乱（１４６７〜77年）による混乱を利用して、今川義忠《よしただ》（義元の祖父）が復帰しました（１４７６年）。

とはいえ、遠江では国人領主たちの力が強く、駿河でのように今川氏の力は強くありませんでした。その主要な国人のなかに、勝間田《かつまた》、天野、横地氏などとともに、引佐《いなさ》郡を地盤とする井伊氏がいたわけです。

井伊直虎は信長・秀吉・エリザベス女王と同世代

戦国時代の主要な武将たちで、誰と誰が同じ世代か、また、兄弟くらいの年齢差か親子か祖父と孫の差かを知ることは、出来事を理解するために大事なことです。そのへんをいい加減にすると、まったく違う時代のことと混同してしまう原因となります。

この場合、１５３４年生まれの織田信長やその2歳下の豊臣秀吉を基準にすると分かりやすいと思います。そして、信長の父である織田信秀は、１５１１年生まれです。

松平家についていえば、秀吉より6歳年下である家康の祖父の松平清康が信秀と同い年です。松平家は代々結婚が早かったので、織田家より世代ごとの年齢差が近く、また、家康もわずか17歳のときに長男である信康の父になっていますから、織田家などの祖父と孫の年齢差と松平家における曾祖父とひ孫の差がだいたい同じで

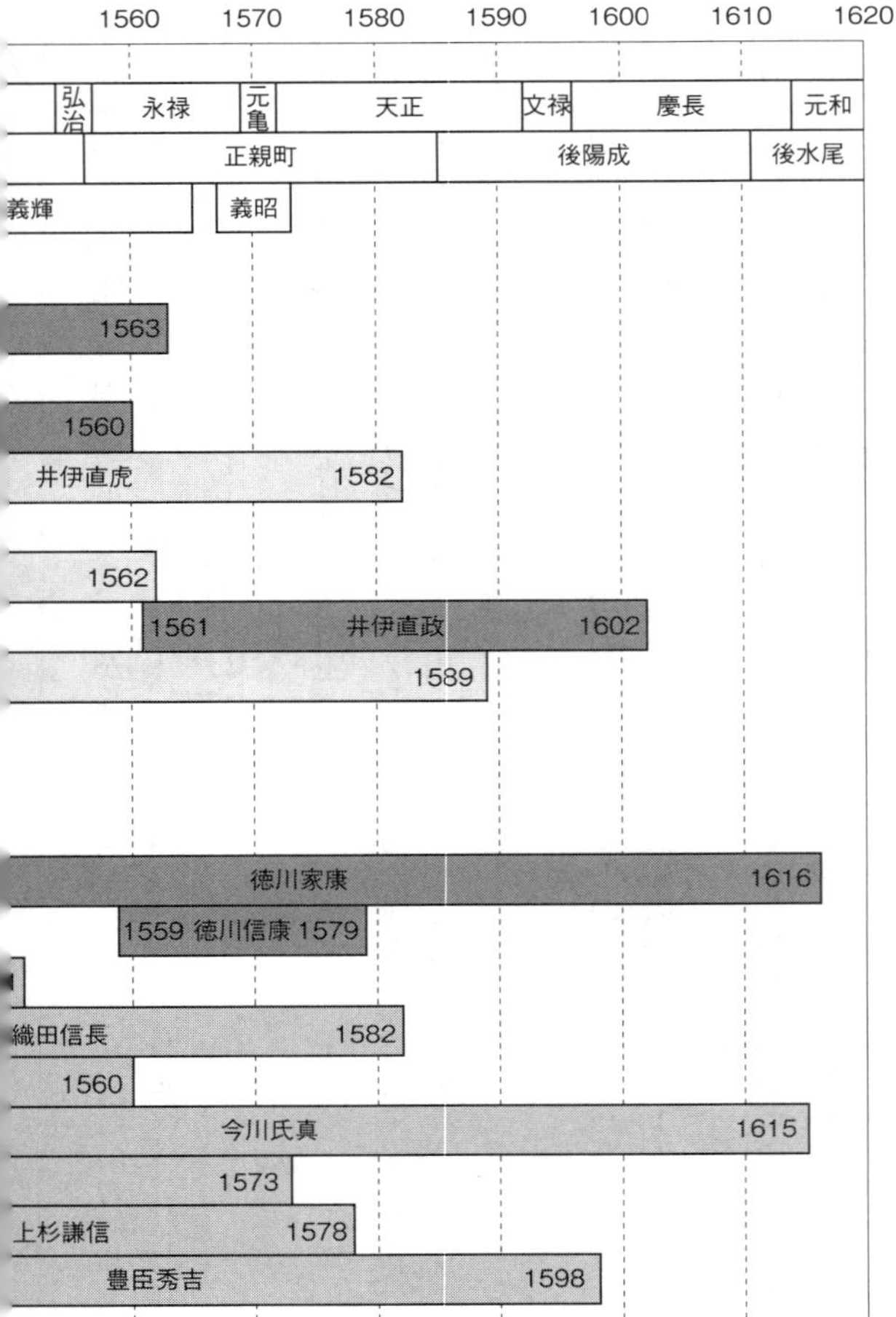

る。このために、本書では、天文11年＝1542年という割り切りで記述している。ま
なかった。生まれ年には異説があるものも多い。

表1　井伊家関連及び主な戦国武将の生没年

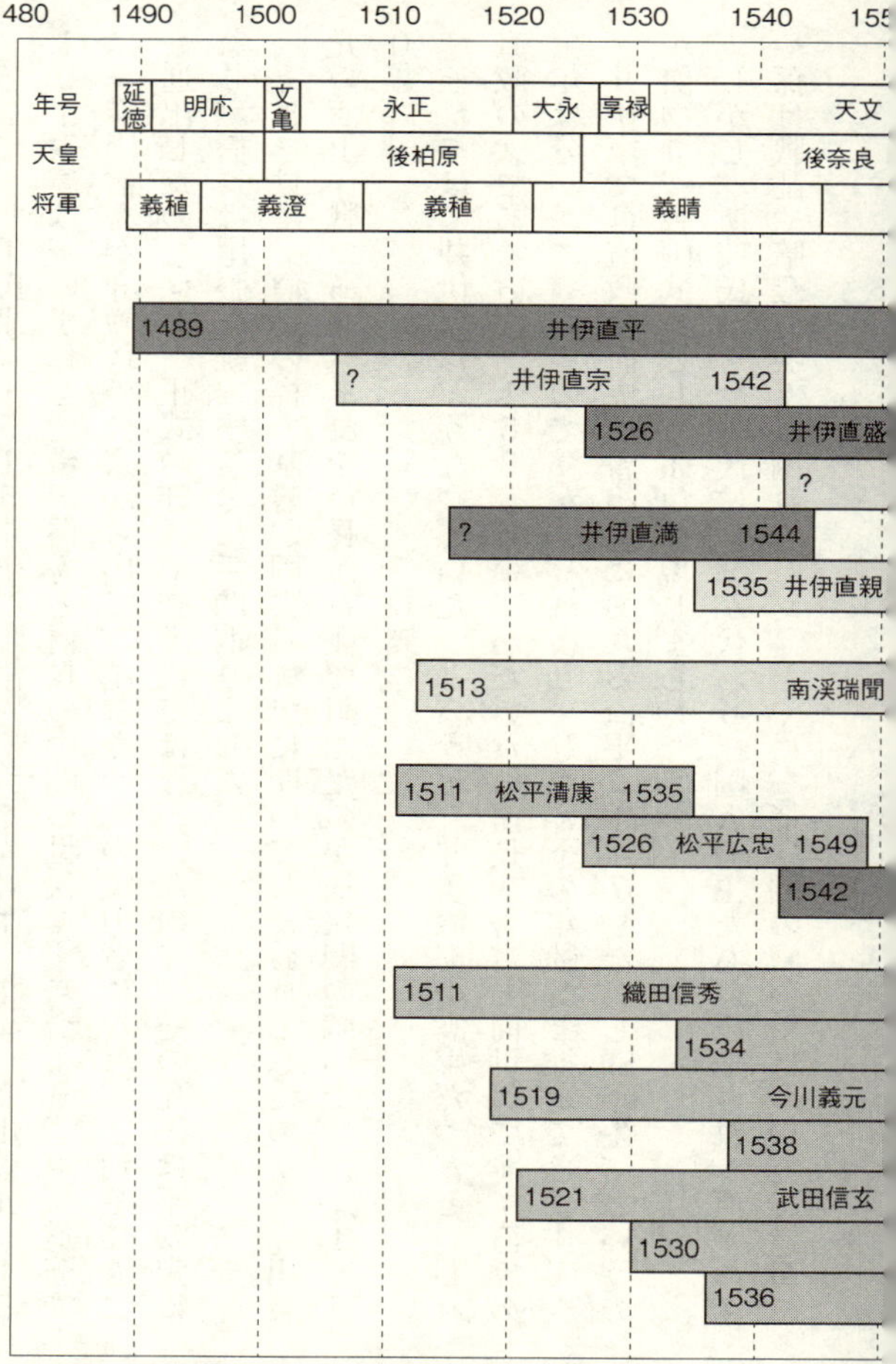

※徳川家康の生年月日は天文11年12月26日であるが、太陽暦では1543年 1 月31日とな
た、年齢はすべて数え年である。明治以前の日本では誕生日を大事にするという発想も

例外的な存在です。

そして、北条氏康（1515年生）、武田信玄（1521年生）、今川義元（1519年生）は、いずれも、織田信秀と信長の中間の世代です。つまり、東海道筋では、織田信秀が守護代の分家から出て、尾張きっての実力者になり、三河や美濃にも進出したのですが、正式の守護や守護代ではなかったので、その死後は不安定になり、信長は尾張を統一するのに手間取りました。

それを見て、信長の権力基盤が固まるまでに叩いてしまおうとしたのが、今川義元の西上作戦であり、それを信長が奇襲で阻んだのが桶狭間《おけはざま》の戦いでした（1560年）。

それでは、井伊家はどうなっていたかというと、井伊直虎の許嫁だったといわれ直政の父である直親（1535年生）がだいたい信長や秀吉と同世代です。直虎の生年は分かっていないのですが、それより少しだけ下の年齢だと推定できます。井伊家では直政や直虎の曾祖父にあたる直平（1479ないし89年生）というのが傑物で、戦国武将として頭角を現しました。

しかし、斯波氏から今川氏に守護が代わり、国人領主たちは圧迫され、直平の子や孫は戦乱や暗殺で次々に倒れました。とくに、桶狭間の戦いでは今川方で参戦した直虎の父である直盛が戦死し、その2年後に直政の父である直親が今川氏真《うじざね》によって謀殺され、翌年に直平が死んだ後は、女性の次郎法師直虎が、直政の成長まで井伊家の当主としてつなぎました。

そして、直政が親類縁者の助けを受けて、今川氏に代わって、1568年から遠江の支配者となっていた徳川家康に仕官して、井伊家隆盛につなげたというわけです。それが1575年のことでした。

その直政は関ヶ原の戦いでの功績がもとで近江佐和山18万石の大名となりますが、そのときの傷がもとで、翌々年に死にました。そのあとは、嫡男の直継《なおつぐ》（1590〜1662年）が継いで彦根城を築城しましたが、家臣同士の対立を制御できず、大坂冬の陣では庶弟の直孝《なおたか》（1590〜1659年）が代理をつとめました。

そして、夏の陣を前に領地を取り替えました。このために、彦根藩では直孝を公式には2代目として中興の祖と位置づけています（歴代藩主表〈図N〉では3代としています）。直継改め直勝《なおかつ》の系統は、その後、越後与板（現・長岡市）に移り幕末まで続きました。

一方、直孝は3代将軍家光《いえみつ》から絶対的な信頼を受け、初代の大老ともなりました。石高も35万石まで増えて300藩のなかで11位、譜代大名としては図抜けた大藩となりました。直孝は大坂の陣に参戦した大名としては最年少の一人で、最後の実戦経験ありの戦国武将だったことも大老として君臨できた理由でした。

直虎とその周辺人物の生没年を推定

南北朝の騒乱が北朝の主導で終わるにあたって、遠江の有力武士団のひとつで南朝側だった井伊氏は、一族のなかで、北朝側に帰順したものが主導権をとりながら、なんとか生き延びることに成功したようです。

遠江ではじめ今川氏が守護で、それが斯波氏にかわったのですが、今川氏が復帰を試みて戦国の騒乱に巻き込まれました。そのときの当主が、井伊家第20代当主直平という傑物でした。大河ドラマの主人公である次郎法師直虎と彦根藩祖である直政の曾祖父です。

そこで、まずは、登場人物の系図を頭にいれていただいたうえで、井伊家家伝などにある正史で描かれている歴史を紹介し、それについての解説をし、疑問を呈し、できる限り正確に直虎とその時代を描きたいと思います。

まず、ご覧いただきたいのは系図（図A）です。これがおおよそ正しいという前提で話を進めますが、龍潭寺の南渓瑞聞《なんけいずいもん》は、直平の子となっていますが、実父の名が分かっており、あったとしても、養子か猶子《ゆうし》と見られます。

直平には直宗と直満という子がいます。そして、直宗の子が直盛で、直盛には男子がなく、次郎法師直虎という娘だけです。

一方、直満には、直親という男子がいました。直平は75歳（85歳という説もあります）まで長生きしたのですが、それが1563年に死んだときに生きていたのは、次郎法師直虎と直親の忘れ形見の直政、それに南渓瑞聞だけでした。

それでは、彼らの実年齢ですが、死亡年はだいたい分かっていますが、生年はある程度の手がかりがあるものも、ないものもあります。

あとは、事績とか常識的な子供をつくる年齢から推定するしかありませんが、徳川家康が父と16歳、長男の信康と17歳という現代では滅多にあり得ない年齢差ですから、幅が非常に広くなってしまいます。

また、女性については、幼児のときの結婚というのも多いのですが、それは、将来の結婚を前提とした養女みたいなもので、だいたい、数え年の16くらいより低い初産年齢は滅多にありません。

そして、だいたいの推定をすると、図Aのようなことでないかと思います。直平

図A　直虎の頃の井伊家の家系図

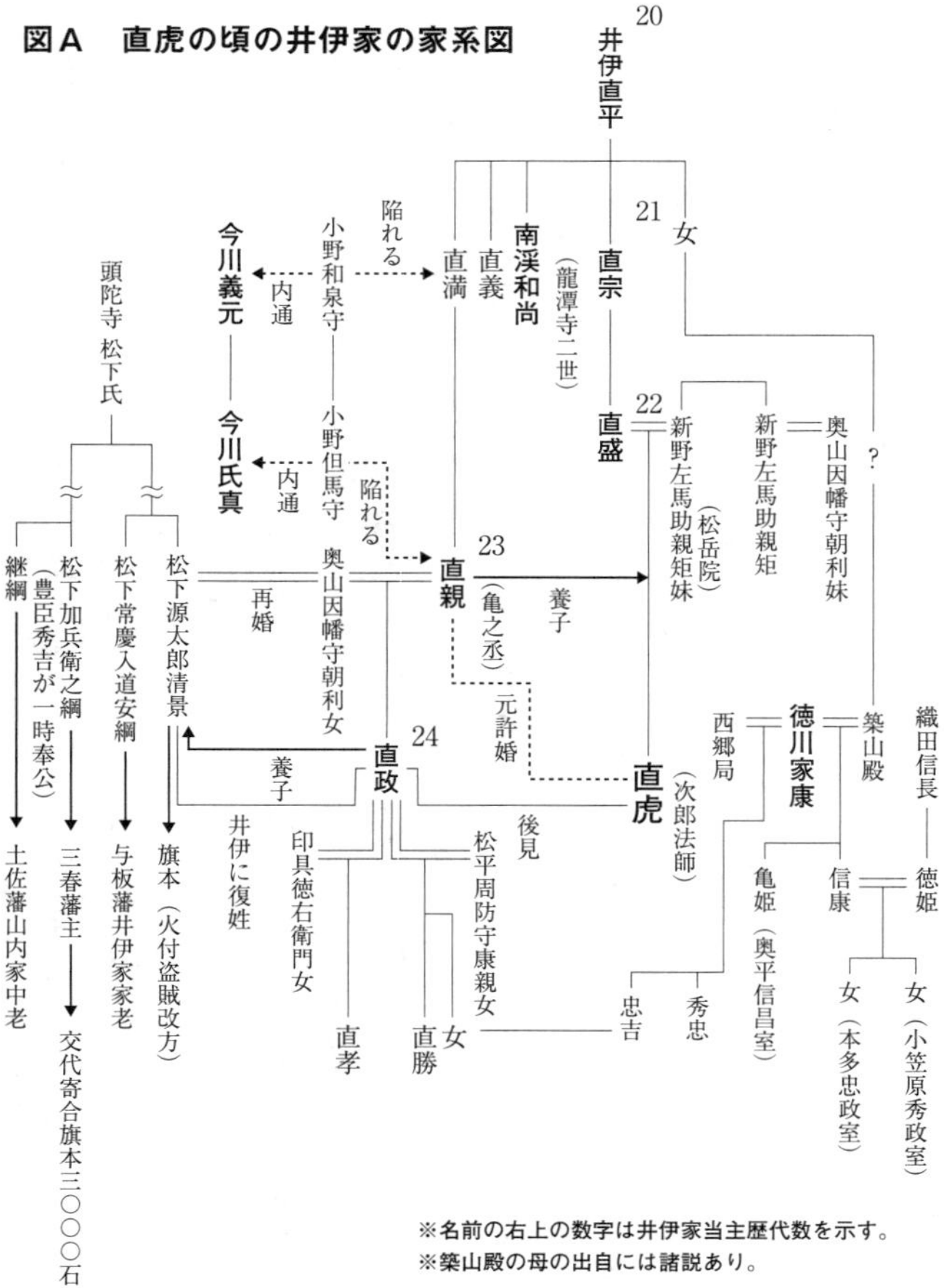

※名前の右上の数字は井伊家当主歴代数を示す。
※築山殿の母の出自には諸説あり。

は死んだときに75歳とも85歳ともいいますが、戦場に出ての死ですから75歳のほうが自然だと見ました。

また次郎法師直虎の年齢ですが、許嫁だったといわれる１５３５年生まれの直親（直政の父）とほぼ同じと言いますが、直親は直平の孫で、次郎法師直虎は、曾孫ですから数年は遅いとみるのが至当だと思います。

この推定については、彦根城博物館の学芸員である野田浩子さんが井伊家家伝を批判的に検証した『「井伊家伝記」の史料的性格』という論文を「彦根城博物館研究紀要」（第26号２０１６年）に掲載されており、おおよそ納得のいくものなので、基礎資料にしています。ただし、静岡大学名誉教授の小和田哲男氏は、直虎をもう少し年長と推定しています。

次郎法師直虎は架空の人物ということはあるか

いうまでもないことですが、次郎法師や直虎という人物の痕跡はごくわずかです。ならば、架空の人物だとか、こじつけで創られた人物像だと思う人もいるかもしれません。

そこで、いちおう、その実在性の検証もしておきます。

次郎法師直虎は、遠江国引佐郡井伊谷《いいのや》（現・静岡県浜松市北区引佐町）の有力領主で、斯波氏や今川氏に従った国衆である井伊家の第22代当主だった、井伊直盛の娘です。

そのあたりは、３代将軍家光のときに編纂された、『寛永諸家系図伝』や龍潭寺《りょうたんじ》過去帳、享保年間にまとめられた『井伊家伝記』などでだいたい事実だと分かります。

幼名ないし通称については、伝わっていないことが多いのです。しかし、ドラマでは名なしでは困りますので、ＮＨＫ大河ドラマ「毛利元就」のときも、美伊《みい》の方《かた》というまったく新しく創作された名前をつけていました。

今回も、「おとわ」というのが次郎法師直虎の名前になるそうです。死んだあとの法名は、月泉祐圓禅定尼《げっせんゆうえんぜんじょうに》（龍潭寺過去帳）、妙雲院殿月泉祐圓大姉《みょううんいんでんげっせんゆうえんだいし》（『井伊家伝記』）です。命日は、『井伊家伝記』には天正10年８月26日とあり龍潭寺過去帳にある日付とも一致しています。

「直虎」という名前が書かれた資料は、静岡県浜松市北区細江町中川にある蜂前《はちさき》神社というところにあります。社伝によると、応神天皇11年３月８日、八田毛止恵と

蜂前神社

いう者が、勅命により、遠江国へ下向し、八田（祝田《ほうだ》の古名）の45町、広田（刑部《おさかべ》の古名）の70町、岩瀬（瀬戸の古名）の8町3反の合わせて123町余りを開墾し、八ケ前の地に勧請して蜂前神社と称したのが起源だそうです。

以後、八田毛止恵の子孫が祝部《はふりべ》として奉祀を続けていたそうです。また、左右の脇宮2社は允恭《いんぎょう》天皇の御代の勧請といい、鳥飼明神、羽鳥大明神と呼ばれるようになったそうです。『三代実録』には、「遠江国鳥飼神」に従五位下の神階が授けられていて、本殿には、熯速日命《ひのはやひのみこと》を祀っています。

その蜂前神社所蔵の永禄11年11月9

日付、次郎直虎・関口氏経連署状というものがあって、そこに「次郎直虎」とあります。井伊直盛の娘を「次郎法師」と書いている資料は多くありますので、次郎というのが別の人物のこととも考えにくく、次郎法師が直虎という名を使っていたことがあるのは間違いがなさそうです。

また、次郎法師の名は、以下のようなところに出てくるそうです。

①永禄8年9月15日付　次郎法師置文　龍潭寺南渓和尚宛(浜松市・龍潭寺所蔵)
②永禄11年8月3日付　匂坂直興書状(蜂前神社文書)の本文中、「井次」「次郎殿」
③同年8月4日付　関口氏経書状（蜂前神社文書）の宛名が「井次」
④同年9月14日付　今川氏真判物（瀬戸文書）の本文中に「次郎法師」

知事ではなかった守護の仕事

室町時代は戦乱が絶えなかったというのは事実です。ただし、それは、足利将軍の権力が弱かったからではありません。

第3代将軍足利義満や、第6代将軍義教《よしのり》などは恐ろしい独裁者で、徳川将軍などよりよほど強力でした。それでは、どうして戦乱が多かったかというと、ふたつ理由があります。

ひとつは、室町時代を含む中世にあっては、幕府から送り込まれた武士が全国の領主だったわけではなかったのです。たとえば、守護というのは、現代でいえば、上野国《こうずけのくに》守護なら、群馬県警本部長、前橋地方検察庁検事正、前橋地方裁判所所長、さらに、自衛隊の地域司令官ですが、群馬県知事ではなかったのです。

つまり、領主は公家や寺社を含む荘園主だったり、あるいは武家だったりします。守護はもめ事があったときに警察権や司法権を行使し、その見返りとして上納金を集めるだけでした。それは全国レベルにおける征夷大将軍でも同じです。

そんなわけですから、将軍や守護は、もめ事があってこそ、出番があるし、ミカジメ料を徴収できたのです。それがようやく領主らしくなると、守護大名といわれるようになり、守護でもないものが、同じようになったら戦国大名です。

そういうものが成立したのは、織田信長とその父である信秀の中間世代である、武田信玄、北条氏康、今川義元、上杉謙信、それに毛利元就の子である隆元などの時代になってからです。

織田信長の父である信秀は、東海地方で最大の実力者となり、尾張だけでなく美濃から三河まで勢力を伸ばしましたが、形式的には尾張守護斯波氏のもとで南部4郡の守護代を務める織田大和守家の三奉行の一員でしかありませんでした。

守護代織田ホールディングスの中核会社の実力専務がグループ全体を牛耳っていただけだったのです。そして、信秀が死んで信長になったとたん、守護も守護代も後継者の信長の言うことなんぞ聞きません。

そこで、信長は守護斯波氏をたてて、それに謀反を企てていると称して、清洲の織田大和守家と岩倉の織田伊勢守家というふたつの守護代を滅ぼし、やがて、守護である斯波氏も追放してようやく戦国大名として完成形を実現したのです。

その時期は1560年前後です。つまり、信長の尾張統一が間近に迫ったので、あせった今川義元が、尾張に侵入した結果として起きたのが、桶狭間の戦いでした。

いずれにせよ、今川義元の父である氏親（1471年生）とほぼ同世代である井伊直平の前半生は、まったく、戦国時代というより室町時代の論理が支配していた時代でした。

北条早雲の姉妹が今川義元の祖母だった

今川氏はもともと三河にあった足利一族だということはすでに紹介しましたが、足利尊氏の挙兵に参加したことから、駿河国では範国が1338年に任じられてから滅亡まで守護であり続けました。

それに対して、遠江国では1336年に範国がいったん任じられ、中断はありますが、1352年に再任されてから1419年まで短い中断を経て守護でした。しかし、尾張守護の斯波氏が、1405年から1407年までいったんつとめたあと、1419年から1508年まで再び守護をつとめました。

しかし、駿河の守護大名化した今川氏親が触手をのばし、ついに奪い取ったのです。この経緯を次郎法師直虎の曾祖父である井伊直平の視点から見てみましょう。井伊直平は長享3（1489）年の生まれで、永禄6（1563）年9月18日に75歳で死にました。異説もありますが、こう考えることが適切なことは、既に書いた通りです。

遠江への今川義忠《よしただ》の侵略が始まったのは、応仁の乱で東軍につき、西軍に与した遠江守護・斯波義廉《よしかど》を攪乱したのが始まりです。

しかし、文明8（1476）年に義忠は遠江の国衆である横地四郎兵衛《よこちしろべえ》と勝間田《かつまた》修理亮《しゅりのすけ》を攻めたとき帰国途中に襲撃され討死してしまいました。

このとき、嫡男龍王丸《りゅうおうまる》（今川氏親）はわずか6歳だったので、義忠の従兄弟である小鹿範頼《おしかのりより》の子、小鹿範満《のりみつ》を後継者に推す勢力もありました。そこで、義忠の正室で龍王丸の母である北川殿は、兄弟で幕府官僚だった伊勢宗瑞《いせそうずい》に駿河に下向することを頼みました。この伊勢宗瑞こそが、のちの北条早雲《ほうじょうそううん》です。

そして、伊勢宗瑞はもちまえの外交手腕で、龍王丸が成人するまでは、範満に駿府で家督を代行させることにして、北川殿と龍王丸は丸子城（静岡市）に移りました。このときに、範満の味方をしたなかに、関東管領一族の扇谷《おうぎがやつ》上杉氏があり、その家老だった太田《おおた》道灌《どうかん》も介入して伊勢宗瑞と対峙しています。道灌と早雲という二人の英傑の対決の場は関東ではなく駿河だったのです。

文明11（１４７９）年になって、龍王丸の家督相続が幕府から認められましたが、範満は家督代行を退かなかったので、文明19（１４８７）年には、伊勢宗瑞が再び下向して範満を滅ぼしました。

こののち、伊勢宗瑞も客分として駿河東部の興国寺城を与えられ、ここを根拠に伊豆、そして、関東に進出することになります。この北川殿が住んだ館が、のちに今川義元の師である太原雪斎《たいげんせっさい》が住職となった静岡市の臨済寺です。

こうしてようやく氏親のもとで混乱を収めた今川氏は、ふたたび、遠江制圧に乗り出します。先頭に立ったのは宗瑞で、明応３（１４９４）年に始まり、文亀年間（１５０１～04年）には三河岩津城にあった松平氏を攻めています。

駿河の尼御前といわれた義元の母・寿桂尼

氏親は永正２（１５０５）年ごろ、公家の中御門《なかみかど》宣胤《のぶたね》の娘（寿桂尼《じゅけいに》）を正室に迎えました。そして、永正５（１５０８）年に将軍義澄から足利義稙に将軍職が戻されると、義稙を支持した氏親は、幕府から遠江守護に任じられました。

永正８（１５１１）年に遠江・尾張守護の斯波義達が今川方の刑部城（静岡県浜松市）を攻めると出陣し、永正13（１５１６）年には、引馬城（浜松城）にあった吉良氏家臣の大河内貞綱《さだつな》が今川家と対立し、ここに斯波義達もやってきました。しかし、氏親は引馬城を包囲し、永正14（１５１７）年には、安倍金山の鉱夫の手を借りて、引馬城を陥れ貞綱は討死し、義達は出家させられて尾張へ逐われました。

ここで、斯波氏について説明しておくと、斯波氏は細川氏や今川氏などより足利本家に近く、家格も上でした。

斯波氏は、幕府の三管領家のひとつであるとともに、越前と尾張の守護を兼ねていました。ただし、もっぱら京都に住み、越前には甲斐氏、尾張には越前出身の織田氏を守護代として送り込んでいました。そして、遠江の守護代も甲斐氏でした。

しかし、越前については、応仁の乱の混乱の中で、家臣の朝倉孝景《あさくらたかかげ》が西軍から東軍に寝返ったことの恩賞として幕府から守護に任じられました。

また、京都にいることができなかった斯波家は尾張に移りましたが、ここでは、守護代の織田家と争いました。そして、遠江については、守護代甲斐氏による統治が不安定だったことから、斯波義達は織田氏の反対を押し切ってみずから介入したのですが、敗れてしまい、尾張での地位も弱体化したというわけです。

このように、尾張から駿河、伊豆、相模まで東海道沿いの各国の政治は互いに連関していたというわけです。

そして、公家出身の寿桂尼との結婚によってますます京とのパイプは強まり今川氏は公家風になりました。

しかし、このことによって、かえって、畿内で先進的な統治策として考え出されていた、分国法の制定とか検地が、今川氏や北条氏の支配下では、強力に進められたということもできます。

とくに、その死去のわずか2ヵ月前である大永6（1526）年4月には、代表的な分国法である『今川仮名目録』が制定されています。

氏親は晩年は中風で活動が思うがままにならず、寝たきりになり、寿桂尼が政務を担いました。女性は大奥に引っ込んだ江戸時代と違って、この時代には、表で堂々と実質上の女領主として振る舞っていたのです。

その後、嫡男の氏輝が大永6（1526）年から受け継ぎましたが、天文5（1536）年に氏輝が急死します。病弱だったようですが自殺という説もあります。また、同じ日に弟の彦五郎も死にました。

そこで、出家して梅岳承芳《せんがくしょうほう》と名乗っていた5男の義元が、花倉の乱で重臣・福島氏の娘を母とする異母兄・玄広恵探《げんこうえたん》を破って家督を継ぎ、桶狭間の戦いまで安定した支配を行いました。

とくに、氏輝が16歳になるまでの2年間は、寿桂尼が自分の印判で公的文書を発給しており、25通が確認されているそうです。

寿桂尼は息子の義元が死んだのちも、その8年後の永禄11（1568）年まで生きていましたから、もしかすると、次郎法師直虎も会ったことがなかったとはいえませんし、すくなくとも、その動向を注意深く見守っていたことは間違いありません。

永井路子さんの小説『姫の戦国』は、この寿桂尼を主人公にしたものです。

この遠江の騒動のなかで、井伊家で直平がどこまで主導的な役割を果たしたのか、もうひとつ不明です。

これについて、小和田哲男氏は、もともと井伊家の嫡流は井伊谷からほぼ真北に抜けた渋川に本拠をもつ渋川井伊氏であり、それが反今川で奮戦したが敗れて甲州に移り、相対的には親今川だった井伊直平が惣領的な地位を確立したのではないかといった仮説を主張しています。

渋川井伊氏のほうが嫡流でなかったとしても、いずれにしても、直平は生涯を通じて今川義元とかなり良い関係にあり、次郎法師直虎の父で桶狭間の戦いで討死した直盛もそうです。

松平元康とともに先鋒をまかされ、そのあとも義元の本隊にいたのですから、かなり高い信頼を得ていたとみるべきでしょう。また、そのことは、家康がのちに井伊直政（虎松）を召し抱え、破格の取り立てをしたというときに、井伊家に対する評価の出発点として桶狭間での三河代表たる松平と遠江代表の井伊だったという意識があったのではないでしょうか。

そういう意味では、今川の横暴に対抗する国衆の代表として井伊直平を見るのは、正しくないのではないかという気がするのです。

NHKの大河ドラマの設定では、「先々代当主。今川と激しく戦った後、その軍門にくだった。今川への敵意はいまだに激しく、すきあらば一矢報いようと狙っている。血気盛んなご隠居である」とありますが、私はちょっと異議ありです。

さて、ここから、次郎法師直虎の生きた時代を紹介していくのですが、その前に、井伊家のご先祖の話をしておきたいと思います。

第2章　井伊家は徳川家より名門か

保元の乱で歴史に登場した「井八郎《いはちろう》」

井伊氏は藤原摂関家の流れをくむ名門としての誇りがあるので、秀吉から羽柴の名を与えようといわれても、家康から松平氏を名乗ることを提案されても断ったといわれています。

江戸時代に編纂された『寛永諸家系図伝』や『寛政重修諸家譜』といった幕府に提出された公文書に基づく資料によると、井伊氏は平安初期に活躍して摂関家の祖といわれる、藤原冬嗣から分かれた系統に属すということになっています。

冬嗣から数えて7代目に、共資という人がいて遠江に土着したというのです。そして、この共資が、井伊谷の八幡宮御手洗井戸に捨てられていた赤ん坊をもらい受けて養子とし、これが井伊家の始祖である共保《ともやす》だというわけです。

これは、後世になって書かれた伝説ですので、信頼性は薄いようです。少なくとも、そのままでは矛盾が多くあります。

しかし、1156年に崇徳上皇と後白河天皇の支持者の間で起きた「保元の乱」について書いた『保元記』には、井伊家の先祖らしき武士の名がありますから、非常に由緒のある一族であることは確かです。

後白河天皇が内裏から三条東殿に難を避けて行幸したのに随行した源義朝や平清盛らの武士団のなかに、義朝の軍勢の一人として、近江源氏の祖とされる佐々木秀義などと並んで、遠江の「井八郎」が登場するのです。

これが信頼できる資料における井伊氏の先祖の初登場です。

次は、鎌倉幕府の公式記録である『吾妻鏡《あずまかがみ》』です。建久２（１１９１）年４月30日に、近江の佐々木庄で佐々木定綱が水害で年貢を納められなかったことにより僧兵たちの介入を招き、その僧兵を斬ったことから大事件になったことがあり、佐々木側の武士として処罰された中に井伊六郎直綱の名があります。

源頼朝が、佐々木一族４名に流罪、井伊直綱ら５名に禁獄（入牢）の沙汰を下しているのです。

井伊一族が大活躍をすることが詳細にわたって確認できるのは、南北朝時代からですが、平安時代後半から、遠江の有力者だったことは、たしかなのです。その意味で、江戸大名のなかでも屈指の名族ということに間違いありません。

それだからといって、公式の家伝にあるように、藤原摂関家の分かれであるかどうかは、系図に怪しいところもあり、確実性に乏しそうです。しかし、いちおう、公式の家伝による出自を説明しておきましょう。

少なくとも、江戸大名としての井伊氏は、そのように主張し、いちおう、公認され、その前提で社会的地位を確保していたのですから伝説であったとしても意味があるのです。ユダヤ人にとって旧約聖書が歴史であるのと同じことです。

『井伊家伝記』による始祖物語

江戸幕府が各大名にその由緒を提出させたのをまとめたのが、『寛政重修諸家譜』です。あまり荒唐無稽なことを書くと笑われるので、各大名はそれなりにもっともらしく粉飾して家伝を提出しました。そこで、ここにある由緒が、いちおう、江戸大名としての公式のものということになります。

そこでは、井伊氏は「藤原氏良門流」とあります。藤原北家というのが、不比等《ふひと》の4人の男子のうち次男の房前《ふささき》の子孫で、奈良時代には恵美押勝《えみのおしかつ》（藤原仲麻呂）を出した南家、光仁・桓武天皇の擁立に功績があった式家に押されていましたが、平安時代初期に冬嗣が出て他を圧するようになり、さらにその子の良房が摂関制を確立しました。なお、冬嗣の母である百済永継は百済の東城主（在位479～501年）の末裔とされます。

しかし、良房には男子がなかったので、兄の長良《ながら》の子である基経《もとつね》を養子とし、こ

図B　井伊・上杉・蒲生・加藤各家と藤原氏

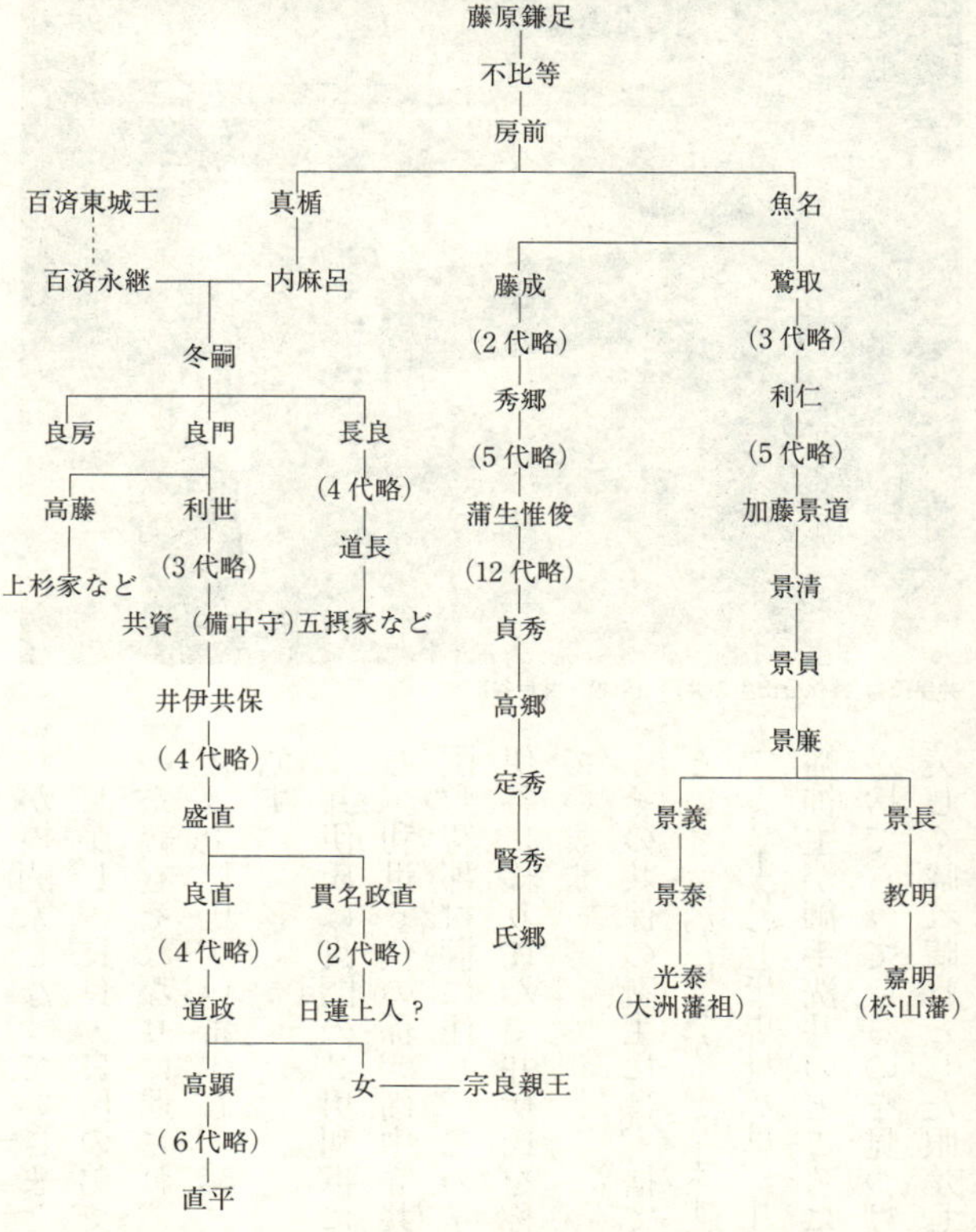

井伊家の系図については、諸説あるが、公式には藤原北家の流れとしている。
初代の共保については、井戸の中に捨てられていたのを共資が養子にしたともいう。
共保と直政の間についてもさまざまな系図が存在するが、一説にある日蓮上人との関係以外は、『井の国　千年物語』(引佐町教育委員会) 所収のものによった。
築山殿は一般には今川義元の姪とされるが、関口夫人を今川家の実子でなく井伊家からの養女だとする説があり、ここでは、それによっている。

井伊氏祖 共保公出生の井戸（浜松・井伊谷）

れが摂関家となっていきました。

しかし、長良・良房の弟である良門の系統もそれなりに遇され、大名でいえば上杉氏がいますし、紫式部も一門です。

井伊氏は良門の3男利世に始まるとし、利世5代の孫、備中守共資が遠江国敷智《ふち》郡《ぐん》村櫛《むらくし》に住し、その子共保が井伊谷に移り住んで井伊氏を称したとしています。

その共保の誕生には、捨て子だったという言い伝えがあります。寛弘7（1010）年正月元旦、井伊谷の八幡神主が御手洗井のところに、赤ん坊が捨てられているのを見つけ、容貌が美しく晴れ晴れとした眼差しに驚き、神主は家に連れ帰り、育てていたところ、7歳になったとき、備中守共資が養子としてもらいうけ、のちに婿として共保と名乗らせたというのです。

それが本当なのか、共資の実子なのだが付加価値をつけるためにそんなことをしたのか、なんらかの事情がある子だったのでそういう形をとったのか、など想像はできますが、真実を知る術はありません。

共保は姿も美しく、武勇にも優れ、一帯の支配者となって出生の地である井伊谷に本拠を置いたとされています。また、共保が生まれたときに、井戸のかたわらに橘の木があり、赤子の産着に橘紋を付けたため、井伊氏は橘を紋とするようになったといいます。

また産湯は井戸の近くの自浄院（地蔵寺）を使い、この寺が井伊家の菩提寺となりました。永禄3（1560）年桶狭間の戦いで討死した、井伊直盛の法号から龍潭寺と寺号を改めて現在も隆盛を誇っています。

共保は、寛治7（1093）年に84歳で亡くなり、産湯を使った自浄院に葬られ、現在でも直虎などと同じ墓地に墓碑があります。

いずれにしても、南北朝時代から隆盛する井伊氏は以上のような由来を主張したのですが、そのまま信じるには不自然なところがあります。

6代将軍家宣の家庭教師だった新井白石は、『藩翰譜《はんかんぷ》』という大名の由緒についての解説書をまとめたのですが、「藤氏系図には、良門の子として記載されているのは利基・高藤の二人のみで、利世の名は見えない」として、井伊氏の出自に疑問を投げかけています。

しかし、100%否定できるものでもありません。詳しい系図が分からなくなったので、誰かに補完させたものの、間違いだらけだったということもありえます。

一方、異説としては、大蔵官僚出身の系図研究家である宝賀寿男氏による『古代氏族系譜集成』に収録の三国真人系図のなかに、井伊氏の祖にあたる共資・共保父子の名があります。三国真人は継体天皇の子でありながら、福井の三国（現・坂井市）に残った椀子王を祖として、越前国坂井郡を本拠地としていました。

また、新井白石の『藩翰譜』に「井伊介は武智麿の後遠江権守為憲が末葉にて、工藤・伊藤などと同じ流にて、南家の藤氏なり」とあり、『古代氏族系譜集成』にも藤原為憲を祖とする「井伊氏略系」があります。

古代豪族や賜姓されて臣籍降下した家系が官位などを受けるのに便利な藤原姓、それも北家につながる安直な系図をつくって名乗ることは多いのです。そのあたりの事情を少し説明しましょう。

江戸大名や戦国武将の由来の真偽さまざま

中世日本における有力者たちの出自がどうなっているかを俯瞰してみましょう。地方の有力武士の素性については、いくつかのパターンがあります。地元の古い名族もいます。また、その家臣や庶民や他地域から流れてきてのし上がったものもいます。都の有力者などがやってきて、土着することもあります。

また、地元の土豪に入り婿や養子のかたちで、貴種や能力の高い男が入り込むこともあります。貴種を迎え入れると地域での地位も上がりますし、国司とか守護の横暴に対する防御にもなるからです。優秀な婿や養子が役に立つこともいうまでもありません。

そして、実際に貴種の出身でもなく、婿や養子を迎え入れたわけでなくても、それを僭称することだってありますし、少し粉飾することもあります。そうしたことを実際の事例にそって考えてみましょう。

まず、蘇我氏などに代表される古代豪族についていえば、本物の天皇家の子孫というのもかなりの広がりがあります。また、古代豪族は『日本書紀』や『古事記』で皇室の先祖に結びつけられていますが、そのなかには仮託したものも多そうです。

しかし、史書によって裏付けられる時代になっても、清和源氏《せいわげんじ》や桓武平氏など多くの皇子たちから名族が出ていますし、逆にいうと、朝廷での役職が藤原氏や村上源氏などに独占されていくなかで、古代豪族は地方で武士になるとか、神社の社家《しゃけ》（共同オーナーと考えれば良いと思います）として生き残りを図りました。

一方、名門とのつながりが確実なものもあれば、いかにも怪しいものもありますし、名門には違いないが、より有力な血統を主張して乗り換える一族もあるし、母系でのつながりで始祖を設定するケースもあります。そのあたりを、江戸大名や戦国大名について、いくつかの例を挙げてみましょう。

江戸大名のなかで系譜が明確なものでは、たとえば、細川家は足利氏が三河守護だった縁で土着した支流であることがはっきりしています。

あるいは、毛利家は古代豪族土師《はじ》氏から出て源頼朝の腹心となった公家の大江広元の４男季光《すえみつ》が相模毛利荘に拠ったことに始まっていて系統をきちんとたどれます。

それに対して、前田家と久松家はいずれも菅原氏を名乗っていますが、途中がはっきりしていません。

島津家は、秦氏が惟宗朝臣《これむね》と改姓したのち、鎌倉時代初期に源頼朝の乳母の孫として重用された惟宗忠久が日向の島津荘に拠ったことに由来していますが、室町時代になって、忠久の実父は源頼朝だと言いだして源氏姓を名乗るようになりました。

津軽氏は南部氏の支流ではないかともいわれていますが、近衛氏の庶流と称しています。津軽氏のもとに全国を流浪していた近衛尚通が逗留し、津軽氏の娘を孕ませたというのです。

これは、戦国大名浅井氏も同様で、もとは物部氏ともいいますが、三条公綱という公家が同様に浅井氏の娘との間につくった子が先祖なので藤原氏としていました。

織田家は、平資盛（清盛の孫、重盛の子）の忘れ形見が、母が再婚した近江蒲生郡津田荘（近江八幡市）の土豪のもとに身を寄せ、それがさらに、越前織田荘の神官の養子になったと説明しています。そこで、織田家は、平氏、津田氏、織田氏のいずれもの立場を自由に使い分けています。

織田氏は忌部《いんべ》氏の流れともいいますが、普通には藤原氏を名乗っていたようです。しかし、織田信長が平氏を名乗ったのは、ご先祖の実父を引き合いに出したものですし、織田家の分家の多くが津田氏を名乗ったのは最初の養父の名字を受け継いだものです。

松平《まつだいら》氏は、あとで説明しますが、新田氏の血を引き三河の松平郷の土豪の入り婿になったと称する親氏《ちかうじ》を始祖としています。

そういう意味で井伊氏は、いつの時代か分かりませんが、藤原摂関家の分かれであると言いだしたのはたしかなのですが、それが本当か、なにがしかの真実がないでもないのか、まったくの作り話なのかどうかは不明ですし、どれもありうるということなのです。

南朝で活躍した井伊氏と宗良親王

南北朝時代にあって、井伊谷地方が戦乱に巻き込まれたのは、このあたりに大覚寺統の荘園が多く、後醍醐天皇の子である宗良《むねなが》親王（１３１１～85年）がここを根拠地としたことがいちばん大きな原因です。

井伊一族はもともと南朝に属し、延元２（１３３７）年には、三方ヶ原において今川範国と戦ったことが知られています。この年のうちに、宗良親王が伊勢一ノ瀬から井伊氏を頼って井伊谷にやってきました。

宗良親王は、二条家出身の母から生まれて和歌にすぐれ、妙法院に入り、元徳2（1330）年に天台座主となりましたが、翌年の元弘の乱で捕らえられ讃岐国に流されました。

建武の新政が開始されると再び天台座主となりましたが、また還俗《げんぞく》して宗良を名乗っていました。親王は井伊道政とともに浜名湖南側の新居《あらい》へ移り、さらに吉野に向かいました。このときに、妃の駿河姫を井伊谷に近い気賀《きが》に残しましたが、彼女は病で死んでしまい葭本の金地院に葬られました。

翌年、またもや吉野から出て伊勢から海路を北畠顕家《きたばたけあきいえ》とともに陸奥国府（陸奥国霊山〈現・福島県伊達市〉）に向かった宗良親王ですが、宗良親王の船は、座礁して遠江国に漂着し、井伊谷の豪族井伊道政のもとに身を寄せたとされます。

しかし、1340（暦応3／興国元）年に足利方の高師泰・仁木義長らに攻められて井伊谷城は落城した後、1344（康永3／興国5）年に井伊谷からも便利な信濃国伊那郡の豪族香坂高宗《こうさかたかむね》（滋野氏支流望月氏の一族）に招かれ、大河原（現・長野県下伊那郡大鹿村）に入り、30年間にわたり拠点としました。

1351（観応2／正平6）年に足利尊氏が南朝に従った正平一統のときは、鎌倉の占領に加わり、翌1352（文和元／正平7）年には征夷大将軍に任じられ、

1355（文和4／正平10）年諏訪氏や仁科氏など信濃の豪族と、北朝方の守護小笠原長基と桔梗ヶ原で決戦しましたが敗れました。さらに、関東管領上杉朝房の攻撃を受け、1374（応安7／文中3）年、36年ぶりに吉野に戻りました。

吉野では和歌集の編纂につとめ、1381（永徳元／弘和元）年に完成した『新葉和歌集』は長慶天皇から勅撰集に擬せられました。

宗良親王が信濃に移ったのち、井伊氏は、南北両勢力を支持する者に分かれたようです。応安3（1370）年、九州探題となった今川了俊は遠江の武士を引き連れて任地へ赴きましたが、軍勢のなかに「遠江・駿河の人々、横地・勝間田・奥山・井伊・早田・河田」とあり、井伊氏やその支流の奥山・早田氏らが従軍していました。貞治6（1367）年に、了俊が井伊奥山直朝に宛てた文書も残っています。

一方、宗良親王は、元中2（1385）年8月10日に75歳で薨去されたと伝えられていますが、その地が井伊谷だとして、井伊谷宮が明治5（1872）年に創建されています。

また、井伊道政の娘と宗良親王とのあいだに尹良《ただよし》親王が生まれ、尹良親王は長じて南朝再起のために戦いましたが、信濃の浪合において討死したともいいます。

ただし、尹良親王についても、道政についても、その存在そのものが後世の創作ともいわれます。

しかし、井伊氏がある時期に宗良親王を支持していたことは間違いなさそうです。

また、この時期に、彦根藩主井伊氏の先祖である井伊谷井伊氏とは別に、渋川村を本拠とした渋川井伊氏が存在していました。渋川井伊氏がむしろ嫡流だったのに、遠江守護職をめぐる斯波氏と今川氏の戦いに際して斯波氏に味方したため、今川氏勝利ののち、井伊谷の井伊氏が惣領家としての地位を固めたという見方もあることは、すでに紹介したとおりです。

ただ、南北朝時代が終わってから、戦国時代までの井伊氏の動静はあまり資料がありません。

松平家は新田一族を自称してきた

ここで少し、徳川家康を生んだ松平家とその譜代の家臣団の成り立ちを説明しておきましょう。

松平家の始祖は、14世紀の後半に活躍した松平親氏という人です。清和源氏である新田氏の支流で、上野国新田郡（現・群馬県太田市徳川町）にあった得川《とくがわ》（世良田《せらだ》）義季《よしすえ》がその先祖だとされています。世良田には東照宮もあります。

関東では鎌倉公方家と幕府のお目付役として関東管領をつとめる上杉氏が対立し、応仁の乱で戦国時代に突入するかなり前から戦乱が絶えませんでした。親氏は上杉禅宗の乱などで混乱する関東から三河へ流れてきたというわけです。

細かい系図は家康になってから作成したものでしょうが、すでに祖父の清康が世良田という名字を名乗っていたことは岡崎郊外の大樹寺の供養塔にも証拠がありま す。いつから名乗っていたかは分かりませんが、親氏がそのように称していたのではないでしょうか。ただし、それが真実を反映していたのかどうかは確かめようがありません。

親氏は近隣に少し勢力を伸ばした程度だったようですが、応永年間から応仁の乱の時代まで活躍した3代目の信光は、若いころに谷あいの松平郷から開けた平野部の岩津（現・愛知県岡崎市）に本拠を移し、晩年には西三河中央部の安城《あんじょう》（当時は安祥《あんしょう》といいましたが）に進出しました。

東海道新幹線の駅があるところで、日本のデンマークといわれることもある豊かな農業地帯です。徳川譜代の中でも古くから松平家に仕えた由緒を持つものを安祥譜代と呼ぶのはこのためです。

この信光はたいへんな艶福家であったらしく、40人もの子をつくって、あちこちに配置しましたが、これが松平一族が西三河全域に勢力を張ったきっかけです。江戸時代になって松平を名乗る大名や旗本が多くありましたが、そのほとんどは、こうした家々から出ており、十四松平と呼ばれます。

このころの松平家は、三河に多く領地を持つ伊勢家の被官で、傭兵隊長として全国各地に出稼ぎなどをしていたことが分かっています。伊勢家は足利将軍のおもり役や幕府の官房長官的な仕事を代々していた名門で、その分家から北条早雲（伊勢新九郎宗瑞）も輩出しています。

そして、家康の祖父である清康の代になって岡崎に進出し、三河を代表する戦国大名になりましたが、尾張に進出して戦っているときに家臣に殺されました。そして、織田信秀（信長の父）に支援された松平信定《のぶさだ》（桜井松平家。尼崎藩主の先祖）と今川義元を後ろ盾にした松平広忠《ひろただ》（家康の父）が争い、広忠がいちおう優勢でした。

今川義元は少年だった竹千代（家康）を駿府で人質として預かろうとしたのですが、海路駿河へ向かう途中で親戚筋だった渥美半島田原の戸田康光が裏切って、織田信秀のところに送られてしまいます。

織田信秀はしきりに織田方への鞍替えを勧めましたが広忠は耐え抜き、やがて、今川方の捕虜になった信長の庶兄信広との交換で岡崎経由で駿府に送られました。


さて、いよいよ、次郎法師直虎と井伊直政の時代に入ります。ここからは、年代順に追いかけていくことにします。そこから、次郎法師直虎の生きた時代を感じ取ってほしいからです。

ここでは、切りの良いところということで、今川義元が家督を継いだ天文5（1536）年から、関ヶ原の戦いの年までを扱いたいと思います。

第３章　次郎法師直虎と井伊直政の時代～青春篇

太原雪斎と今川義元の出会い

今川義元は、永正16（1519）年、今川氏親の5男として生まれました。氏親は、北条早雲の甥です。母は父の正室である公家・中御門宣胤の娘である寿桂尼です。仏門に入る前の名は分かりません。

4歳で仏門に出されて、駿河国富士郡瀬古の臨済宗・善徳寺に入り梅岳承芳《せんがくしょうほう》と名乗り、家庭教師役の太原雪斎（駿河の名門・庵原《いはら》氏の出身）とともに京都で修行しました。

駿河に戻ったのち、天文5（1536）年兄の氏輝が急死します。また、同じ日になぜかもう一人の兄である彦五郎も死んだことは既に紹介した通りです。

重臣・福島氏の娘を母とする異母兄・玄広恵探が家督を狙って争いましたが、太原雪斎や岡部親綱らの活躍や北条氏の支持で勝利を収めました（花倉の乱）。

太原雪斎は、義元の正室に甲斐の武田信虎の娘（定恵院）を迎えました。また、信虎の子である晴信（以後、信玄とする）の正室に京都から三条公頼の娘を斡旋したのも今川家といわれ、信虎は家格向上になると喜びました。

しかし、これは、北条早雲の跡を継いでいた北条氏綱の激怒を招き、天文6（1

537）年に北条軍は駿河国富士郡吉原まで侵攻しました（第一次河東一乱。河東とは富士川の東）。

しかも、尾張からは、全盛期の織田信秀が天文9（1540）年に三河に侵攻し、安祥城を手に入れました。さらに、天文11（1542）年には、第一次小豆坂の戦いで織田信秀が勝利を収めました（異説あり）。

「このころ、遠江守護をめぐる争いで斯波側についていたので、今川家の不興をかっていた井伊直平は、ようやく許され、それを機会に娘を今川義元に差し出した」ともいわれますが、このことの真偽については、第4章で検証してみようと思います。

関東では、天文10（1541）年に北条氏綱が死んで氏康が家督を継ぎました。甲斐では国内の統制を強める信虎に対する反感が強まり、信虎が駿河を訪問して帰国しようとしたところ、嫡男の信玄と重臣たちが組んで帰国を拒否し、信虎は亡命生活を駿河で送ることになりました。しかし、義元は信玄との同盟を維持しました。

このころ、西三河では、松平清康の死以来というもの、その子の広忠は幼少ゆえ家臣たちをまとめ切れず、駿府で今川氏の保護下にありましたが、ようやく自立して岡崎城にもどることができました。

そして、刈谷の水野忠政の娘（於大《おだい》の方）を正室に迎え、１５４２年には竹千代を幼名とするのちの徳川家康が誕生しました。

ただ、その翌々年には兄の水野信元が織田信秀に寝返り、このために於大の方は、離縁されて水野家に戻され、のちに、知多半島の土豪である久松俊勝《ひさまつとしかつ》と再婚します。

その間に生まれた子供たちは、のちに家康の異父弟として取り立てられ、伊予松山や桑名の殿様になります。歴史番組で人気だった松平定知《さだとも》アナウンサーも同じ系統の旗本家です。これらの家は江戸時代には、松平を名乗っていましたが、伊予松山の本家だけは、明治になって久松に復姓しました。

戦後５期20年にわたって愛媛県知事を務めた久松定武は殿様知事として有名でした。

また、この三河をめぐる今川と織田の戦いの中で、井伊直平の嫡男で、井伊家の跡を継いでいた直宗が、渥美半島田原の戸田氏との戦闘で討死してしまいました。天文11（１５４２）年の出来事です。次郎法師直虎の祖父に当たる人ですが、一連の井伊家の悲劇の始まりとなりました。

直満と直義の墓、井殿の塚

ただし、直宗についてはいささか情報が不足しています。死去したのも、天文11（1542）年に田原城攻めのときに戦死したと江戸時代の彦根藩による公式記録にありますが、天文15（1546）年に今橋城（豊橋城）でのことではないかとの龍潭寺過去帳に基づく小和田哲男氏の指摘もあります。

また、直宗在世中に直盛の発給した文書もあり、謎が多く、場合によっては、直虎の年齢推定にも影響するのですが、本書では、親子関係については、公式の系図どおりであることを前提に話を進めます。

また、次郎法師直虎の生まれた年は

不明ですが、だいたいこのころだろうと推定されます。

直虎の婚約者・亀之丞が信州に身を隠す

天文13（1544）年12月23日に井伊家をゆるがす大事件が起きました。井伊直平の子で三河で戦死した直宗の弟にあたる、直満と直義兄弟が、今川義元の召喚状に従って駿府へ行くと、いきなり、切腹させられたのです。

容疑は武田兵と勝手に戦ったというなんとも分かりにくい理由でした。今川義元は、武田信玄の姉を正室として迎え、甲駿同盟が成立していたのですが、現場レベルでは小競り合いが絶えませんでした。

とくに遠江ではそれがひどく、井伊直満・直義兄弟は、前面に出て武田兵と戦っていたようです。それをみた、今川義元から派遣されていた家老の小野和泉守は、駿府の今川義元に「直満・直義兄弟が勝手に武田と事を構えている」と報告したわけです。

謀反と言ったかどうか分かりませんが、北条氏と対立している義元としては、信玄との同盟が頼みの綱ですから、ことを荒立ててほしくなく、少々のことは我慢しておけということだったのかもしれません。

小野和泉守にしてみれば、義元に忠臣ぶりを示せるし、直満の子の亀之丞（直親）が次郎法師直虎と将来において結婚して井伊家を継ぐことは歓迎しないので讒言したのかもしれません。

さらには、もっと穿ってみれば、今川義元が武田氏と甲駿同盟を結んだ隠された意図として、遠江での今川に従順でない勢力が武田と独自に争ったり手を結んだりしていたのを嫌がり、独自性を失わせようという意図もあったのかもしれません。あるいは、小和田哲男氏のように、河東一乱と関連して北条氏と呼応したことを疑われたのではないかという人もおり、とくに確実な根拠があるわけではありませんが、状況としてはあり得ないわけではありません。

このころの今川義元は、難癖を付けては国衆の勢力を削ぎたかっただけかもしれません。

おりしも、天文14（1545）年10月29日には、駿河国東部での第二次河東の乱が今川方の勝利で終結し、武田信玄の仲介で北条氏と和解し、興国寺城（静岡県沼津市）など河東地域は今川の勢力圏としてたしかなものになったころです。

そして、今川義元は天文15（1546）年になると東三河へ本格的に進出しました。その準備としても、不満分子は粛清しておきたいところでした。

いずれにせよ、戦国時代の話で内通を疑われて殺されるというのは、現代の企業抗争において、提携先をめぐる意見対立で解雇されるとか左遷されるとかいう程度の話だと理解したほうがよいと思います。

　このとき、義元は直満の遺児である亀之丞も殺すように指示したといわれ、家老であった今村《いまむら》藤七郎《とうしちろう》正実《まさざね》は、最初は井伊氏領内の北部にある黒田村（現・静岡県浜松市北区引佐町東黒田・西黒田）まで亀之丞を連れて逃げました。

　さらには、市田柿（干し柿）で有名な信濃国市田（現・長野県下伊那郡高森町）の松源寺《しょうげんじ》へ移したのです。領主は松岡貞利です。この松源寺は南渓和尚の師である黙宗のまた師である文叔が開基したという法縁があったのが理由とみられます。

　今村藤七郎は、9歳の亀之丞を藁むしろを二つ折りにしたかますに入れ、背負って信濃に逃げたといわれています。そして、亀之丞と藤七郎は約12年間、松源寺で暮らしました。

　この松岡貞利の弟は、松源寺の開祖である文叔瑞郁で、文叔瑞郁は、井伊谷の龍潭寺の前身である龍泰寺の開祖、黙宗瑞淵の師でした。

武田・北条・今川・上杉の複雑な関係

北条早雲はもともと今川氏の客分として駿河にやってきて、駿河東部の興国寺城を根城に伊豆、そして、小田原から関東へ進出しました。そんなことから、今川氏とは兄弟分のような関係でした。

しかし、今川義元が、武田信玄の姉を正室に迎えたことから対立し、北条氏は沼津周辺の河東地方に侵入し占拠しました。

関東では、山内上杉氏（上杉憲政）・扇谷上杉氏（上杉朝定）・古河公方（足利晴氏）というそれまで対立していた旧勢力が連合して、8万の大軍で北条方の河越《かわごえ》（川越）城を包囲しました。

このために、天文14（1545）年10月に武田信玄の斡旋で北条氏康と今川義元は和解し、今川は河東を奪還しました。

もともと河越城は、相模を地盤とする扇谷上杉家の家臣である太田道灌が、敵対する古河公方への備えとして、江戸城とともに築いた兄弟城ですが、このころは、北条氏のものになっていました。

そして、北条氏康は奇襲による河越夜戦を仕掛けて勝利を収めました。結果、扇谷上杉氏は滅び、山内上杉氏は越後に逃げて長尾景虎《ながおかげとら》（上杉謙信《うえすぎけんしん》）に家督を与え、古河公方は北条氏と縁戚になって食客的に扱われることになりました。

これ以降は、北条氏が南関東で、武蔵・下総を固め、さらに、安房の里見氏を圧迫し、越後からは上杉家の家督を継いだ長尾景虎あらため上杉謙信が三国峠を越えて厩橋（前橋）から南下し、常陸の佐竹氏や下野の宇都宮氏が呼応するというのが基本パターンになります。

また、信濃から武田氏が真田氏など土豪を支援しながら上野を窺いました。また、上野の有力土豪の中にのちに彦根藩家老になる長野氏もありました。

そして、信濃では信玄による信濃の統一が最終段階に入りましたが、そこに立ちはだかったのが、上杉謙信で、天文22（1553）年から五次にわたる川中島《かわなかじま》の戦いが始まります。

そして、こうした経緯を得て、天文23（1554）年には、富士市の善徳寺で、甲相駿三国同盟が成立し、今川義元は嫡子・氏真に北条氏康の娘（早川殿）をむかえることとし、すでに義元の娘が信玄の嫡男義信の正室となっており、今川氏も後顧の憂いなく西へ向かうことができるようになりました。

図C　1545年と1560年の勢力図の変化

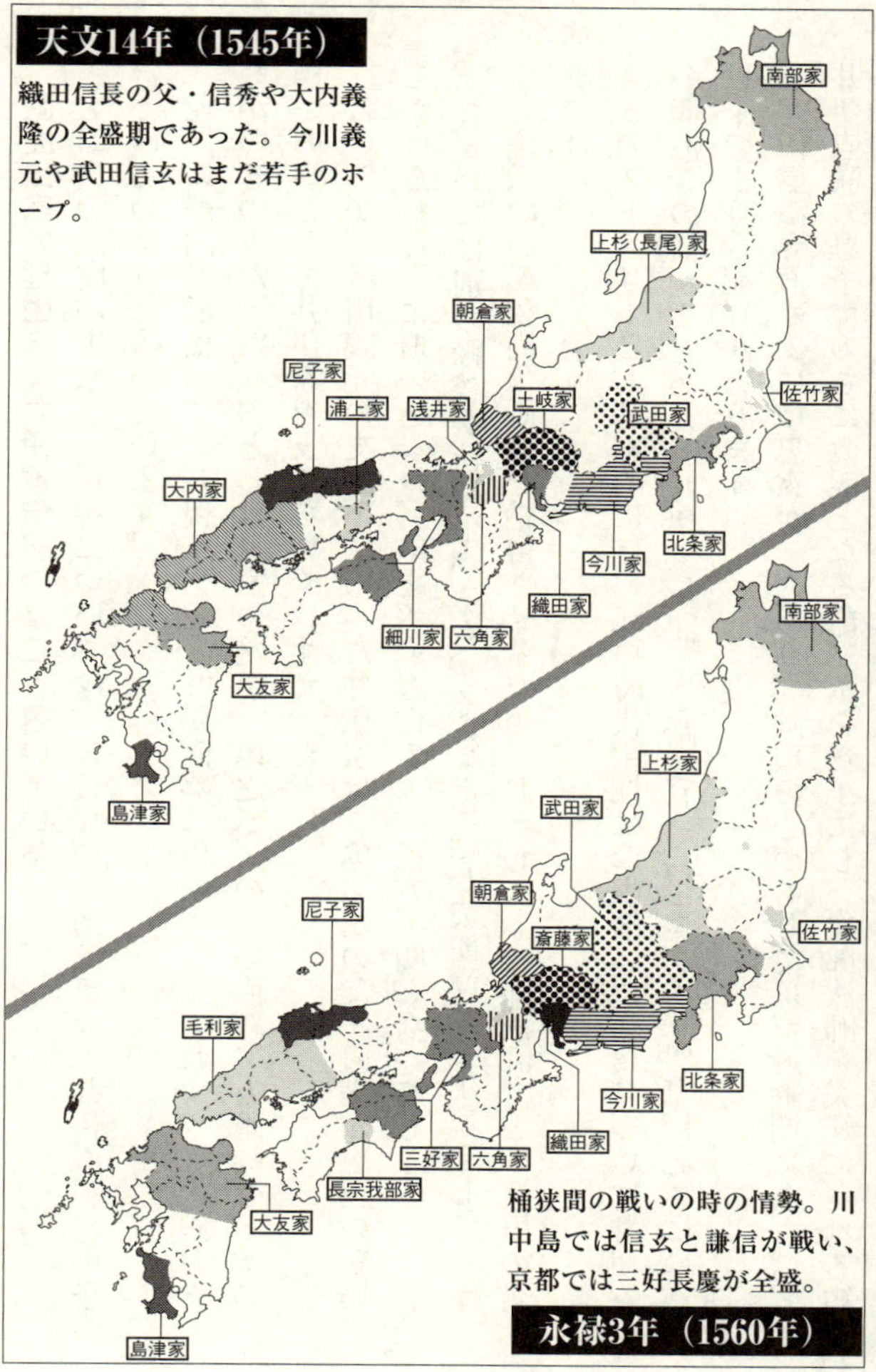

直虎出家の理由を『井伊家伝記』はこう書いている

次郎法師直虎が出家した経緯については、NHKの大河ドラマ「井伊直虎」の予告では次のように書いています。

「遠江（静岡県浜松市）の井伊家当主・井伊直盛は男の子に恵まれず、一人娘おとわがいるのみだった。おとわは分家の嫡男・亀之丞（のちの直親）と婚約し、次の当主の妻として井伊家を支えていくはずだった。

ところが、今川義元の支配下にあった井伊家は、亀之丞の父・直満が謀反の疑いをかけられ自害に追い込まれ、亀之丞も逃亡の末、行方不明となってしまう。

おとわには別の縁談が持ち上がるも、それを拒絶して龍潭寺で出家をしてしまう。住職の南渓和尚は両親を納得させるため、おとわに『次郎法師』という男の名をつけた。」

このストーリーは、基本的には、江戸時代中期に彦根藩の依頼に基づいて井伊谷の龍潭寺の僧がまとめた『井伊家伝記』を踏襲しています。『井伊家伝記』には、以下のような記述があります。

「井伊信濃守直盛公には息女が一人あり。両親の心づもりでは、適齢期になれば、井伊直満の息子でのちに直親となる亀之丞を養子にし、次郎法師と夫婦にされる約

龍潭寺（浜松・井伊谷）、ここの第二世住職・南渓和尚が直虎を「次郎法師」と名づけた

束をされていた。

だが、亀之丞が信州へ落ちて行ってしまったので、次郎法師は菩提の心深く思われ、南渓和尚の弟子になるべきだったのに、剃髪してしまったところである。

両親は嘆いて、一度は亀之丞と夫婦になるはずであったのに、様変わりしたとしても、尼の名は付けるべきでないと南渓和尚に仰せになった。次郎法師のほうは、もはや出家の身になった上は是非とも尼の名を付けてほしいというので、南渓和尚は親子の（言い分の真ん中を）とって、備中次郎という名は井伊家の惣領の名前なので、次郎法師は女にこそあれ井伊家の惣領に生まれたのであるから、僧俗の名を兼ねて次郎法師という名を是非なく南渓和尚が名づけたのである。」

『井伊家伝記』とはどんな資料なのか

ところで、この『井伊家伝記』はどういう資料かというと、井伊家発祥の地である遠江国引佐郡井伊谷にある井伊家の菩提寺、臨済宗妙心寺派の龍潭寺住職であった祖山《そざん》和尚によって書かれています。

8代将軍吉宗の、享保15（1730）年に、彦根藩の家老木俣半弥《きまたはんや》の求めによって作成したものです。

2冊本で、64話からなり、平安時代の井伊家初代とされる共保が井伊谷の井戸から生まれたという話からはじまります。南北朝時代に南朝に与して戦った話、戦国時代における今川氏との関係、直政が徳川家康に仕えることになった経緯、祖山が共保出生の井戸を修理したり、井戸をめぐって訴訟をおこした話なども書かれています。

元資料としては過去帳などのほか、古老の話などを集めたとあります。次郎法師の死後、150年ほどたっていますから、だいたい、坂本龍馬と同世代の領主につ

図D　16世紀の井伊家の歴史

年号	西暦	
文亀元	1501	今川氏親が遠江侵攻。斯波義寛と対決
永正5	1508	今川氏親が遠江守護となる
永正10	1513	今川氏が遠江を制圧し三岳城も落ちる
大永6	1526	井伊直宗の子、直盛（直虎の父）が生まれる
天文4	1535	松平清康が暗殺される
天文5	1536	今川義元が家督を継ぐ
天文6	1537	今川義元が武田信玄の姉と結婚。河東一乱
天文8	1539	井伊直平と今川が和睦。娘を駿府に送る
天文11	1542	井伊直宗が三河田原城で戦死
天文13	1544	井伊直満・直義兄弟が今川義元に誅殺される。直虎は出家？
天文14	1545	浅井長政が誕生。信玄と義元と会談。河東回復
天文16	1547	竹千代が織田方の人質に
天文18	1549	松平広忠が暗殺される。竹千代は駿府へ
天文20	1551	織田信秀死去、信長が継承。秀吉が松下に仕える
天文23	1554	善徳寺会盟。今川氏真、北条氏康の娘と結婚
弘治元	1555	井伊直親が帰国
弘治3	1557	松平元信が築山殿と結婚
永禄3	1560	桶狭間の戦いで今川家が敗北。直虎の父・直盛や井伊家の家臣が多数戦死する。徳川家康、岡崎城に帰還
永禄4	1561	直親の長子・直政が生まれる。幼名は虎松
永禄5	1562	清洲同盟。築山殿・信康が三河に。遠州忩劇、井伊直親殺される
永禄6	1563	信康・徳姫婚約。三河一向一揆。直平死去
永禄7	1564	三河一向一揆終わる。三好長慶死去
永禄8	1565	家康が三河平定。将軍義輝横死。武田勝頼が信長の養女と結婚。直虎当主に
永禄9	1566	家康が徳川に改姓
永禄11	1568	井伊谷徳政令。信長が上洛する。信玄と家康が今川氏を攻め領国を分割
永禄12	1569	今川氏滅びる
元亀元	1570	姉川の戦い。家康岡崎から浜松に。小野但馬守処刑
元亀3	1572	三方ヶ原の戦い。武田家の侵攻により井伊谷城を奪われる
天正元	1573	武田信玄、病没。将軍義昭追放
天正3	1575	水野信元殺害。井伊直政が徳川に出仕。長篠の戦い
天正7	1579	築山殿・信康が殺される
天正8	1580	柴田勝家、加賀一向一揆を鎮圧。信長、本能寺を滞在所とするために大改造。本願寺と講和する
天正10	1582	武田勝頼が滅びる。本能寺の変。徳川家康が信濃・甲斐を横領する。直虎死去
天正12	1584	小牧・長久手の戦い
天正14	1586	徳川家康が上洛し秀吉に服属
天正16	1588	後陽成天皇が聚楽第に行幸、井伊直政も参加
天正18	1590	天下統一。家康関東移封。直政箕輪城主に。井伊直継・直孝生まれる
慶長3	1598	秀吉、伏見城で没
慶長5	1600	関ヶ原の戦い。井伊直政、佐和山城主に
慶長7	1602	24代当主・初代藩主の井伊直政が死去

いて我々が地元で伝えられる伝説を聞くようなものです。

その内容の信頼性はどうかというと、それなりにしっかりしたところも多いのですが、人間関係などは間違いが多いようです。

たとえば、ここでは、井伊直平（次郎法師直虎の曾祖父）が、今川義元のもとで、引馬城（浜松城）の城代であるように記して、実際の城代だった飯尾氏がその家老だったとしています。

井伊直平が引馬城をあずかったことがあったとしても、ごく短期間でしょう。また、井伊直平は本領として6万石があり、引馬周辺での6万石を加えて、12万石を領したとありますが、これもありえません。

そもそも、石高が定着していくのは、太閤検地のあたりです。12万石というのは、豊臣時代の浜松城主である堀尾吉晴が12万石だったので、その数字を拝借したのではないでしょうか。

さらに、龍潭寺住職である南渓和尚を井伊直平の息子としていますが、「南渓和尚過去帳」には、直平とはちがう南渓の父の戒名が記されています。直平の子だとしても養子か猶子でしょう。

しかし、このくらいの間違いは、江戸時代の郷土史ものにはよくあることで、この程度の間違いがあるからといって資料価値が減じるわけではありません。

また、藩首脳部がからんでいる場合、あまり荒唐無稽だと恥ずかしくて採用しないものです。ある程度は脚色が入りますが、普通はそんな無茶なものではありません。

ただし、『井伊家伝記』は、龍潭寺の値打ちを井伊家に対して高めようという意図は当然あります。

著者の祖山和尚は5代将軍綱吉から6代将軍家宣への代替わりに伴う幕府の朱印改めのため、正徳元（1711）年に江戸に出て、彦根藩邸をたびたび訪れて、井伊家の由来や先祖の話をしています。

祖山は井伊共保出生の井戸の帰属をめぐって、隣の神宮寺村・正楽寺と争って幕府寺社奉行に訴訟を起こしていました。このときに、祖山は、直平や次郎法師直虎の寄進状などの証拠を挙げて、龍潭寺が井伊家の先祖から庇護を得ていたことを主張しました。

そして、井伊家を味方につけたことがものをいって、訴訟は龍潭寺が勝利しました。これを梃子《てこ》に祖山和尚は彦根藩主井伊直興のもとを訪れて、井伊家先祖の墓所をいまみるようなかたちに整備しました。

『井伊家伝記』は、戦国時代に井伊氏が危機を乗り越え、直政が有利な状況で家康に仕官できるようにしたのは、龍潭寺の南渓和尚とその弟子である次郎法師直虎の功績がいちばん大きいという形に仕上げられています。

このようにある程度の意図的な脚色はあるでしょうが、彦根藩には次席家老中野家をはじめ、井伊谷以来の関係者はいるのです。また、江戸時代に井伊谷付近は井伊家に仕えたことがある旗本近藤家が支配していましたから、それほど作り話ばかりでは通用するはずもないのです。

当時は年表やさまざまな資料もないので間違いが多くなるというのも一面で、いちど間違うと間違いっぱなしになりがちですが、少ない資料や証言を大事にし、古老たちの話を繰り返し聞かされていたがゆえの正確さも別の一面なのです。

早すぎる結婚は将来の結婚を前提とした養子縁組

この次郎法師直虎の婚約や出家を考える前提として、当時の武家の女性たちの結婚がどんなものだったかを知っておく必要があります。

戦国女性たちの結婚については、「政略の道具にされ、幼くして嫁がされて子供を産む道具にされた」という受け取り方がむしろ一般的なのかもしれません。

図E　戦国時代の女性たちの初産・初婚・死亡年齢

名前	夫	初産年	初婚年	死亡年
篠原まつ	前田利家	13	12	61
徳川珠姫	前田利常	15	3	24
徳川勝姫	松平忠直	15	11	72
遠山夫人	武田勝頼	15	13	15
松平阿姫	山内忠義	15	11	38
水野於大	松平広忠	16	14	75
豊臣完子	九条忠栄	16	13	67
三条夫人	武田信玄	16	38	70
明智ガラシャ	細川忠興	17	16	38
徳川和子	後水尾天皇	17	14	72
織田徳姫	徳川信康	18	9	78
徳川亀姫	奥平信昌	18	17	66
前田豪姫	宇喜多秀家	18	15	61
春日局	稲葉正成	19	17	65
浅井お江	羽柴秀勝	20	20	54
徳川熊姫	本多忠政	20	14	50
浅井茶々	豊臣秀吉	21	19	47
本多勝姫	池田光政	21	11	61
浅井マリア	京極高吉	22	21	77
徳川千姫	本多忠刻	22	20	70
織田冬姫	蒲生氏郷	23	9	81
徳川振姫	蒲生秀行	23	19	38
若宮千代	山内一豊	24	?	61
田村愛姫	伊達政宗	27	12	86

平均初婚年　18.8歳
※年齢は数え年（一部に諸説あるものあり）

だが、これもおかしな話です。それなら、男は自分で選べたのかといえば、やはり同じように政略のなかで結婚相手を決められていたのです。

たとえば、浅井《あざい》三姉妹の末っ子で、NHK大河ドラマ「江《ごう》」の主人公についていえば、彼女にとって徳川秀忠との結婚には自分の意志はなかったかもしれませんが、それは、秀忠の側にとっても同じです。

そして、それは、世界中、どこの国でも同じで、ごく最近まで、ヨーロッパの王位継承予定者の結婚相手は、よその国の王族だけと決まっていて、そうでなければ「卑賤結婚」として相続権などに問題を生じたくらいで、いちども会ったこともない相手との結婚など当たり前でした。

もちろん、ある程度の年齢以上の武将なら、自分の意志でということはありましたが、それは女でも同じで、女性でも我が子のために家臣の鍋島清房《なべしまきよふさ》(直茂の父)の押しかけ女房になった龍造寺隆信《りゅうぞうじたかのぶ》の母や、再婚に対して我が子を求婚者の跡取りとすることを条件とした島津忠良《しまづただよし》の母といった女たちもいました。

あるいは、阿波の小少将など自分のために露骨に結婚を繰り返したあげく、父親が違う自分の子どもたち同士が戦う羽目になった女性もいます。

「幼くして」というのも、誤解があるようです。お江は最初の輿入れのとき数えで

12歳でした。ですが、こういう年齢での結婚がすぐに実質的な夫婦関係の開始となるかは疑問なのです。

なにしろ、お江の娘でも、千《せん》姫は秀頼のところにわずか7歳でやってきていますし、前田利常の妻になった珠《たま》姫が金沢に旅立ったのは、わずか3歳の時です。京《きょう》極忠高《ごくただたか》の妻となった初《はつ》姫に至っては、生まれると同時にお江の姉である京極お初が小浜に連れ帰っています。婚家で育てられたということなのです。

つまり、輿入れをするといっても、現代的にいえば、将来の結婚を前提に養女となり、成熟度合いなどを見て実質的な夫婦関係がなされたのでしょう。

秀頼と千姫の場合には、茶々の侍女だったお菊が、千姫が16歳の時に鬢揃えという儀式をして、秀頼が剃刀を入れているのを目撃したと書き残していますが、このときが実質的な夫婦関係の始まりなのではないでしょうか。

少し形は違いますが、ヨーロッパでは、言語の問題もあって、子どもの時から相手の宮廷で育てられることが多かったのです。フランスの宮廷で育ち、いっときは、フランス王妃でもあったスコットランドのメアリーなどが一例です。

早すぎる年齢での輿入れが、そのまま、早すぎる夫婦関係につながらないことは、戦国女性たちの第一子出産年齢でも、それほど極端に若いことは稀であることでも分かります。

知りうる限り最も早いのは前田利家《まえだとしいえ》の妻であるまつで、数えで13歳で長女を出産しています。利家とは従兄弟で一緒に住んでいるうちにということでしょうか。このまつは、生涯に11人の子を産んだといわれ、格別に頑丈な肉体の持ち主だったのでしょう。それ以外は、やはり、16歳以上の場合がほとんどなのです。

だから、お江が姉たちより先に12歳で結婚したというのは、ある種の「口減らし」という趣旨も込みで、従兄弟の佐治一成の家に将来の結婚を前提にもらわれていったというのが正しいのだと思います。

つまり、数え年で、15〜16歳くらいが、実質的な結婚年齢だということを頭に置くといいのです。

そして、すでに書いたように、直満・直義兄弟が今川義元から切腹を命じられて、亀之丞が信州へ逃げたのは、直盛が20歳くらいのことと推定できます。

当時の東海地方では、男子も非常に早く結婚している例が多く見られます。たとえば、徳川家康の祖父から子まで4代の生没年は、表1の通りですが、年齢差は清康と広忠が15歳、広忠と家康が16歳、家康と信康が17歳です。

そのあたりも頭に置きながら推理する必要があるでしょう。そうすると、直盛より10歳ほど年上だったはずの直満が、自分の子と直盛の娘を娶せて実質的に井伊家を支配しようとしましたが、それに反発する小野和泉守が直満を讒言によって排除したということはあり得ないわけではありません。

また、小野和泉守が自分の子と次郎法師直虎を結婚させようとしたこともあり得なくもありません。しかし、それほど大きい確率だとも思いません。

文学作品に描かれた直虎の出家

さらに、想像を広げるなら、文学作品やそれに準じる物ではどう描かれているかということで少し紹介しておきましょう。直虎の出家と直政出仕のところの書きぶりを以下の４作品で比べてみましょう。

①『剣と紅』高殿円（文春文庫）：２０１5年5月発行　異世界を舞台にしたファンタジー『マグダミリア』シリーズや、女性国税徴収官を主人公にした『トッカン』シリーズなどがある。『剣と紅』は、戦国時代、女性でありながら井伊谷の地頭を務めた実在の人物・井伊次郎法師直虎の生涯を描いた初の本格的な歴史小説と

なっている。兵庫県神戸市生まれ。

②『井の国　千年物語』　２００５年３月発行　編集委員７名からなる〔伊藤信次（日本画家・郷土史研究者）、武藤全裕（龍潭寺住職）、大谷静夫（引佐町歴史と文化を守る会会長）、熊谷光夫（版画家・井伊氏研究者）、八幡和夫（前引佐町助役）、柴田宏祐（引佐町教育長）、石原正美（引佐町歴史と文化を守る会副支部長）〕井伊直虎の古里・井の国の物語について書かれた本。

③『井の国物語』　谷光洋（熊谷光夫）　浜松市出身。谷光洋は作家の時のペンネーム。郷土史研究家・画家・版画家・作家。30年にわたって直虎を研究し小説としたもので、自費出版した直虎御一代記。

④『女《おなご》にこそあれ次郎法師』　梓澤要（新人物往来社）：２００６年１月発行　直虎の生涯を描いた傑作歴史長篇。静岡県生まれ、明治大学文学部史学地理学科卒。１９９３年「喜娘」にて第18回歴史文学賞を受賞して作家デビュー。２００７年からは東洋大学大学院にて仏教学を学ぶ。主要な作品は「百枚の定家」「阿修羅」「夏

草ヶ原」等。

①高殿円さんの『剣と紅』ではこうです。ここでは、次郎法師直虎には「香《かぐ》」という名が与えられています。

香は一四歳になると初潮を迎える。井伊家の跡取りとして婿を迎えることを本格的にしないといけないが、婚約者の亀乃丞は井伊谷から落ち延びて（この頃から跡取りの娘ということで「次郎の姫」と呼ばれる）から戻る気配はない。母安佐も案じ、兄の新野佐馬助親矩に頼むものの、よい婿候補が見つからない。父直盛は今川家からの婿もあり得ると考えるようになる。ゆえに、安佐は今川家親類からできるだけ新野家に近い婿を捜してもらうものの、家老小野和泉守がいい顔をしない。小野は自分の息子政次を婿にし、井伊家に入り、小野家が井伊家の家督を継ぐようにしたいのだ。その頃重篤な病の小野は直盛に家老職と家督を政次に譲るよう願い出たいと偽って、今川義元のいる駿府へ出向くが、実際は嫡男政次を香の婿にという下知までもらってきた。それで家督を継ぐ挨拶に来た政次は駿府で手に入れた（まるで婚礼行列のような）あらゆる豪華な女人のお道具や小袖、打掛を香に持ってきた。政次を婿にすることが決定的となって、香は無意識に本丸を抜け出し、龍泰寺の門前まできた。井伊共保公が生まれたといわれる井戸の前で、婿取りの決断を迫る政次を香は拒み、迫る政次の剣を抜き取り、自分の髪を切った。そこへ来た南渓に香は出家を宣言する。（以上、要約）

③『井の国物語』（谷光洋）　二　出家より　ここでは、直虎は「姫」と呼ばれています。

龍潭寺にて南渓（35歳）に姫が御仏のお弟子になることは私にも出来ましょうかと出家を初めて打ち明ける。姫に菩提心があることは気づいていたが、自分だけでは判断できず、直盛夫妻に相談しに行く。直盛夫妻はまだ若く、世継ぎの男児をあきらめていなかったし、自分の身内から仏弟子を選ぶことは殺戮をくり返す戦国武将としてはおのれの贖罪にもなりすすんで行われることであったから、本人の意思も確認した上で、姫の出家を夫妻は了承した。姫を仏弟子として預かることになってから南渓は姫に亀之丞への断ち切れぬ想いもあったのだと気づく。（以上、要約）

④『女にこそあれ次郎法師』（梓澤要）　第二章　決意より　ここでは、次郎法師直虎には「祐《ゆう》」という名が与えられています。

家老の小野和泉守から打掛や小袖などの豪華な衣装が祐に届けられる。小野和泉守が今川義元のいる駿府に赴いたときに求めた結納の品であった。小野は義元から祐の婿に自分の息子を入れよという下知をとってくる。義元の下知を断ることは出来ないが亀之丞への想いを断ち切れない祐は南渓禅師に面会し、尼になりたい旨を告げる。剃髪の支度をすれば、いざとなれば決心も鈍るであろうと、直盛に知らせを送りつつ南渓は時間稼ぎをしたが、祐の決心は変わらず、直盛が来る前に自分で髪をばっさり切り、なおも覚悟が本物である証に認められなければ自害すると刀を喉元に当てる。直盛が血相を変えて駆けつけたときには祐の剃髪は済んだ後だった。南渓は惣領の証である次郎の名と出家者の証である法師とを兼ねて次郎法師と名付け、祐を自分の仏弟子とする。（以上、要約）

『剣と紅』では亀乃丞への思いを断ち切れずにいた香が井伊家家老職の小野家が婿入りの包囲網を狭めていく中で、自分の考えで出家の道を選びます。しかし、親に勝手に剃髪したので、後戻りできなかったというのはないと思います。

『井の国　千年物語』では特に出家の記述はありません。

『井の国物語』では根底に亀之丞への想いがあった姫は普段からの相談相手である大叔父の南渓にまず相談し、判断しかねた南渓が直盛夫妻の考えも聞き、本人の意思を確認した上での夫妻の了承を経て仏弟子にすることを認めています。ここでは、直盛夫妻がまだ男の子もできることを期待して了承したことだとしています。小野和泉守の野望をとりあえず阻止したということでしょうか。

『女にこそあれ次郎法師』では、家老職小野家が婿入りを迫る中、断り切れないことはわかるものの、亀之丞への想いも断ち切れない祐は、南渓に面会し、尼になりたいという。南渓は時間稼ぎをするものの、覚悟は本物で、南渓も止めることができず、直盛が来る前に出家してしまう。しかし、両親が厭世観だけで出家を認めるのも少し無理があります。

出家の様子について、各書籍をまとめてみると、女性として許嫁への気持ちをたいせつにしながら、一人娘の跡取りとして戻る当てのない許嫁をあきらめて婿取りをする決断をせざるを得ない状況の中、出家を選択した切実な様子が読み取れます。

なお、直虎の生年については、『剣と紅』は、「たしかに自分はもう九つ。」「天文十年（一五四一）のことである。」としているので、天文２（１５３３）年生まれ。『女にこそあれ次郎法師』では、「天文十三年（一五四四）十二月二十四日。祐は九歳。許嫁の亀之丞はおない年。」とありますから天文５（１５３６）年生まれ、『井の国　千年物語』では「天文一一年生まれ。」としていますが、父の直盛が１５２６年あたりの生まれと推定されているので、前二者の推定は無理があり、文学作品ならではの世界だと思います。

源頼朝の娘・大姫と木曾義高の悲恋物語との比較

普通に考えると、直満が切腹させられたときに、亀之丞は10歳前後、次郎法師直虎は数歳、あるいはもっと幼かったはずです。そういう年齢で恋心もなにもないというのも一理あります。

しかし、幼心の恋というのも例がないわけではありません。源頼朝と北条政子の長女である大姫と木曾義仲の嫡男義高の悲恋物語というのがあります。

頼朝が伊豆に流されていたとき、政子は父の時政に頼朝との結婚を反対され閉じ込められましたが、大雨の夜、闇に紛れて頼朝の元へ走りました。そして、治承4（1180）年8月、大姫が数え3歳の時に頼朝が挙兵し、鎌倉殿といわれるようになりました。

ところが、以仁王《もちひとおう》の綸旨《りんじ》にいちはやく呼応して挙兵した木曾義仲との協力が必要になり、寿永2（1183）年、その長男で11歳の義高を人質として鎌倉に送り、6歳の大姫の婿とすることになりました。

しかし、義仲と頼朝は対立するようになり、義仲は寿永3（1184）年、大津市の粟津が原で討死します。そこで、頼朝は義高の殺害を命じたのですが、侍女たちから聞いた大姫は、義高を女房姿にして脱出させ、義高と同年の海野幸氏を身代わりとして、双六などしているように見せかけたのですが、露見してしまいました。

頼朝の命で藤内光澄が入間河原で義高を討ったのですが、大姫は悲嘆のあまり水も喉を通らなくなりました。政子は頼朝を義高を討ったことで責めたので、頼朝は藤内光澄に罪をなすりつけ、晒し首にしてしまいます。

7歳の大姫は心を傷付けられ、それから、義高への思いに捕らわれては床に伏す日々が続いたので、頼朝と政子は、追善供養や読経、各寺院への祈禱などあらゆる手を尽くしたのですがだめでした。

大姫は17歳のころに少し快方に向かったので、公家との縁談をすすめたものの、「深淵に身を投げる」といわれて断念したり、後鳥羽上皇のもとに入内させようとしたりしましたが、結局、20歳で病死してしまいました。

そういう幼い時代の恋に昔の女性は捕らわれてしまったということも、あり得ないこととは申せません。

そのほか、身も蓋もない説としては、野田浩子さんが、一つの仮説としていうように、次郎法師直虎は誰かと結婚して死別して尼になったということもあり得なくもありませんが、すでに書いたように女性の実質的な結婚年齢はそれほど若くないので、その説では、少し若すぎるのではないかという気がします。

また、次郎法師直虎が生まれつき病気などの身体的な欠陥で、結婚を断念したということも可能性としてはないとはいえないと私は思います。

第４章　次郎法師直虎と桶狭間の戦い

三河で織田と今川が厳しい陣取り合戦

このころ、西三河では一時期は三河全体に勢力を及ぼしていた松平清康が横死したのち、嫡男の松平広忠が跡目争いの中で今川家の庇護を求めていました。広忠は嫡男・竹千代（徳川家康）を人質として送り出したのですが、船を用意した田原の戸田康光が裏切って竹千代を織田信秀に送り届けました。

しかし、天文17（1548）年に、太原雪斎と朝比奈泰能らの今川軍は第二次小豆坂の戦いで織田軍に勝利しました。

さらに、天文18（1549）年に松平広忠が死ぬと、義元は岡崎城に城代を送り込んで実質領国化しました。

そして、織田信秀の庶長子である信広が守る安祥城を攻めて信広を捕らえ、これと織田方の人質になっていた竹千代を交換しました。

しかも、天文20（1551）年には、織田信秀が死んで尾張はしばらく不安定な時代に入り、東海道筋では今川の優位がはっきりしました。

一方、天文23（1554）年には、甲相駿三国同盟が完成しました（善徳寺の会盟）。

領内では、天文22（1553）年には氏親が定めた『今川仮名目録』に追加法（仮名目録追加二十一条）を加え、室町幕府が定めた守護使不入地の廃止を宣言して守護大名から戦国大名への脱皮を明らかにしました。駿河・遠江・三河で検地も実施しています。

さらに、義元は氏真に家督を譲り隠居しています。

義元はこのように法を整備して領国内をまとめあげ、甲斐国の武田家や相模国の北条家と三国同盟を締結。東側の守りを固めると、三河国の松平家を完全に従属させたわけです。そして永禄3（1560）年には大軍を率いて尾張国へと侵攻しました。ところが楽勝のはずだった戦いで、義元率いる本隊が織田信長の奇襲を受けて壊滅。義元は乱戦のなかで討ち取られ、あっけない最期を遂げたのですが、それはのちほど説明します。

今川軍団と井伊家臣団はこう構成されていた

井伊家は遠江屈指の名門国衆であることは、すでに紹介した平安時代からの記録でも明らかです。しかし、あくまでも、10家とか20家とかある有力氏族のひとつに過ぎないことも確かです。

そして、また、これら有力武士集団は、古代からずっといたのではなく、その多くはある時代に京都・鎌倉や、今川など周囲の有力大名から送り込まれたものです。そして、それらは多くの分家に分かれ、場合によっては、分家が本家を凌駕することもありました。

ここでは、次郎法師直虎をめぐる人々を理解するために、戦国末期の今川家臣団や遠江の有力武士の全体像のあらましを俯瞰してみましょう。

戦国大名の支配体制は、県の下に郡があってその下に市町村があるというようなピラミッド型の命令系統のものではありません。むしろ、知事と県会議員と市町村議員の関係に近いでしょう。選挙のたびに支持する相手を変えたり、手抜きをしたり、二股を掛けたりしていました。

今川義元のもとでの体制は、そのなかでは、しっかりして江戸時代の大名にだいぶ近づいていました。

『おんな城主　井伊直虎　その謎と魅力』（石田雅彦著・アスペクト）という本に手際の良い解説があるので紹介します。

まず、駿府の今川氏のもとに、一門の瀬名氏や関口氏があり、重臣クラスに朝比奈・蒲原・新野・鵜殿氏などがありました。それに継ぐクラスでは、三浦・富士・

図F　武田・今川・松平各家の陣取り合戦

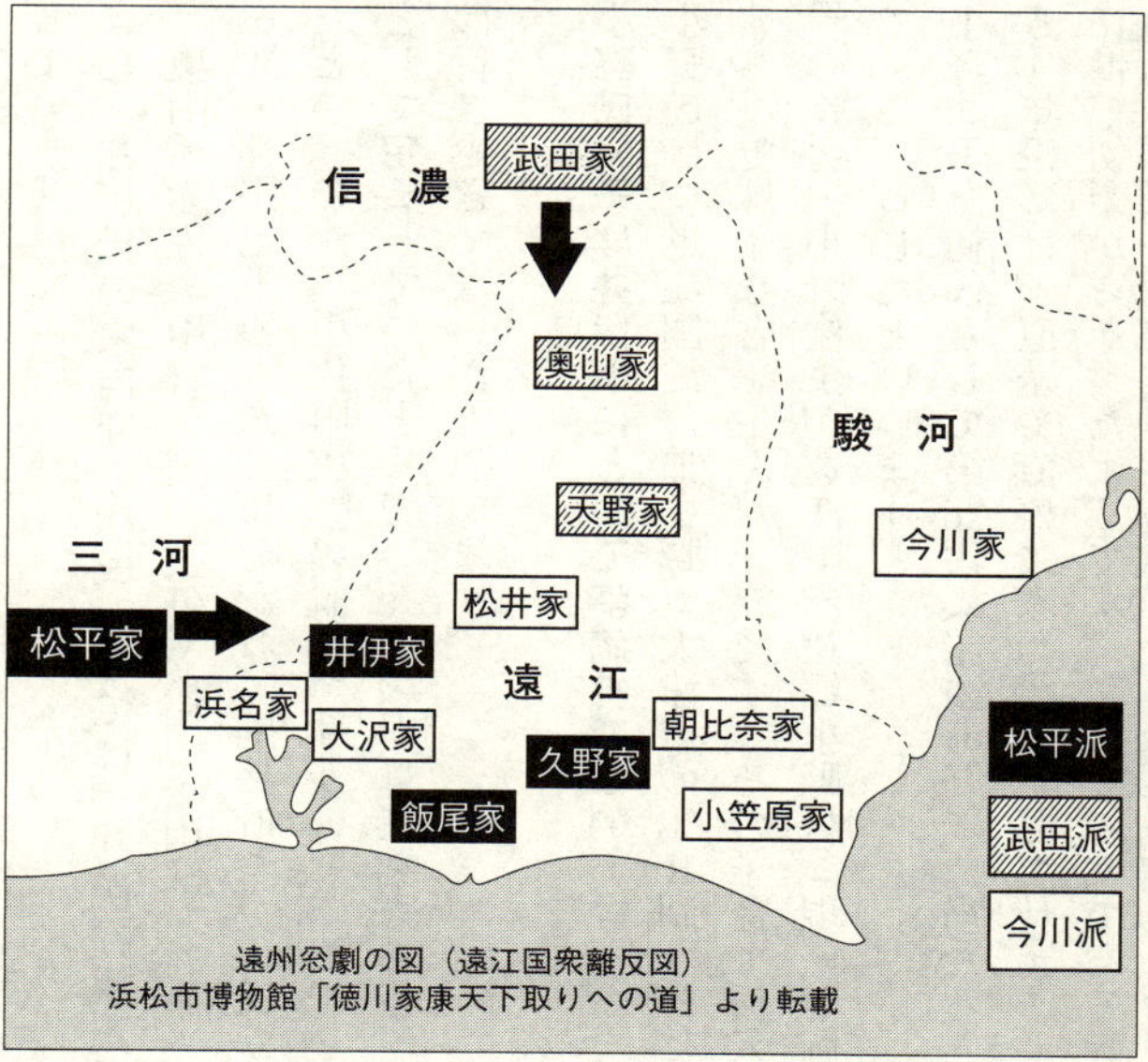

遠州忩劇の図（遠江国衆離反図）
浜松市博物館「徳川家康天下取りへの道」より転載

大石・狩野・由比・久能・庵原・安倍・岡部・孕石駿河東部には葛山氏（河東）がいましたし、遠江には井伊氏とその一族である中野・奥山氏のほか、飯尾氏（曳馬）、大沢氏（堀江）、浜名氏（浜名）、松下氏（久野）、そして近藤・菅沼・鈴木氏という井伊谷三人衆がいたとしています。

　これらの国衆の分布と、桶狭間の戦い以降に今川、武田、松平のどこに近かったかは、図Fに示しています。

また、井伊氏の家臣団の構成としては、井伊谷親類衆（谷津・井平・田中・石野・奥山・赤佐・中野・岡・上野・松田・田沢・石岡）、井伊谷被官衆（祝田衆・瀬戸衆・都田上下給人衆）に分かれ、別格的な今川氏からの付家老として小野氏がいたというのが『引佐町史』の説明ですが、そこまで小野氏の地位を高い特別の扱いとして定着していたとまでいえるのかは異論もあり、私も『引佐町史』の位置づけは行き過ぎでないかと思います。

小野氏父子は井伊家にとって疫病神でない

小野氏は、近江国滋賀郡小野（大津市のＪＲ湖西線に小野駅があります）を本拠にする小野妹子などを生んだ一族です。その子孫で百人一首にもその歌がある小野篁《たかむら》の長男・小野俊生が遠江国赤狭郷小野村（現・静岡県浜松市浜北区尾野）にやってきて土着したといいます。

小野妹子を初代として第26代（諸説あり）に当たるという和泉守道高（政直。1554年没）は、直宗や直盛に家臣筆頭として仕えましたが、井伊氏とのつながりは16世紀初頭からあったようです。和泉守の父である兵庫助が直平の重臣としてこのあたりの土豪のとりまとめにあたっていたようで、井伊谷の南の気賀あたりに住んでいたようです。

主君である直盛（次郎法師直虎の父）の叔父にあたる直満・直義兄弟を今川義元に謀反の恐れありと報告し、切腹させる原因をつくりました。

ただし、これを讒言というのか、事実だったのかは分かりません。私は、むしろ、井伊直平や直盛を真ん中にして親今川と反今川の主導権争いがあり、親今川の旗頭が小野だったとみるほうがよいようにも思います。

直満の息子である亀之丞と直盛の娘である次郎法師直虎が許嫁になるというので、焦ったからといわれますが、それは、直満がそう望んでいただけの可能性もあります。

だいたい、この当時の井伊家のような家族構成では、直盛と直満が親密に協調していない可能性もかなり大きいのです。

というのは、この事件のあと、今川家中で直平や直盛の立場が非常に悪くなったようでもありません。また、井伊家をのちに直満の孫である直政が継いで、彦根藩を開いたので、江戸時代以降の書物はそれにおもねる形で、ある程度はバイアスがかかっているとみるべきだからです。

直満や直義が殺されたのちの井伊谷では、当主の直盛のもと、家臣筆頭の小野和泉守、井伊氏の支族のなかでも代表格の中野信濃守直由と、同じく同族の奥山因幡守朝利らがいました。

直盛の妻の兄・新野左馬助親矩《ちかのり》は、遠江南東部の城東郡新野（現・御前崎市）を本拠とする豪族で、親戚の重鎮として発言権をもっていました。新野親矩の正室は奥山朝利の妹でした。新野氏は遠江国に３０００石の領地を持っていた豪族で、その祖は今川了俊の５男ですが、このころは、井伊谷にあったようです。

このころ直平がどこにいたかもうひとつよく分かりません。引馬にいたようでもありますが、引馬城代は飯尾連龍《いいおつらたつ》です。『井伊家伝記』では、直平が城代で飯尾連龍はその家老だったようなことも書いていますが、ほかの記録ではやはり飯尾連龍が城代のようです。

一つ考えられるのは、直平が何らかの形で、客分ないし目付役のような形で引馬にいたのではないかということです。

すでに書いたように、私は直平は親今川だったのだと思います。国衆の長老である直平を、飯尾連龍を監視するために引馬城に置いたのではないでしょうか。あるいは、直平と飯尾連龍は相互に監視し合うように今川から言われていたのではないかという可能性もあります。

小野和泉守が死んだあとは、息子の但馬守が跡を継ぎました。当初は、父親と同じ力は振るえませんでしたが、のちには、直親を讒言して死に至らしめ、また、次郎法師直虎と徳政令をめぐって争い、直虎を追放しますが、遠江が徳川家康の支配下にはいったときに殺されることになります。

この但馬守は、大河ドラマでは鶴丸という幼名で登場し、幼なじみの次郎法師直虎と友情は成立しているものの、やがて、今川からの目付役という立場もあって対立するようになるという描かれ方をされます。

但馬守には玄蕃という弟がおり、桶狭間の戦いで直盛とともに討死しています。その子の亥之助は、母親は虎松（直政）の母の姉で、直政と従兄弟同士です。直政に仕え、子孫は直政の嫡男直継（直勝に改名）が彦根藩主から追放され、安中藩主となったときに、行動を共にして、その子孫は、越後与板藩の家老家となります。

亀之丞直親の帰還と小野和泉守の死と

直満・直義兄弟を切腹に追い込み、直満の子で次郎法師直虎の許嫁だったともいわれる亀之丞が、殺せという今川義元の意向から逃れて、信濃市田（現・長野県下伊那郡高森町）の松源寺に身を隠したのは、天文13（1544）年のことでした。しかし、天文23（1554）年に小野和泉守が死ぬと、井伊谷での井伊直盛をめぐる力関係が変化しました。小野和泉守の嫡子である但馬守ではまだ仕切れませんので、新野、中野、奥山といった人々の発言力が強くなりました。

また、このころは、今川義元が三河での基盤を固め、尾張で力を伸ばして将来の星といわれはじめた織田信長との直接対決に乗り出そうという時期でしたから、井伊家にとっても今川家に対して頼み事がしやすい状況が生まれていました。

亀之丞が生きているという情報を、いつどのくらいの人が知っていたかはまったく不明です。しばらくは、まったく音信不通もありえますが、南渓和尚など何人かは知っていたというほうが自然です。また、状況がかわるにつれて、徐々に知る人が増え、噂も出てきていたでしょう。

いずれにせよ、井伊一族は、今川義元に対して、亀之丞への許しを願い出て、受け入れさせました。こうして、弘治元（1555）年、亀之丞は無事井伊谷に戻り、直盛の養子となり「直親」と名を改めます。

しかし、かつて許嫁だった次郎法師直虎はすでに出家していました。戻すことが無理というわけではありませんが、そう踏み切れない何かがあったのでしょう。すでに適齢期を過ぎていたという説もありますが、それは推定年齢からしてありません。

このときの次郎法師直虎の年齢は15歳以下の可能性が高いのです。その意味では、むしろ、すぐに結婚させるには幼すぎた可能性のほうが適齢期を過ぎていたよりはまだしも高いのです。

かつての許嫁だった直親と奥山家の娘との結婚

そして、直親は一族である奥山朝利の娘と結婚します。まだ信州にいるときに結婚していたというような物語もありますが、それは不自然です。

ちなみに、朝利の妹は新野親矩（次郎法師直虎の母の兄）の妻であり、朝利のもうひとりの娘は井伊家の一門中野越後守の妻でした。つまり、井伊一門が団結するには、もっとも、強固なネットワークが組める人選だったのです。

２人の新居は井伊谷の南の祝田（現・静岡県浜松市北区細江町中川）に置かれました。次郎法師直虎の住む龍潭寺にあまり近いと彼女に辛い思いをさせると配慮した結果という解説もありますが、むしろ、安全重視と思います。一般に周囲に人家がないところのほうが守りやすいのです。

いずれにせよ、この時期は 井伊谷に平和が戻った時代でした。井伊谷城には今川家中の重鎮としての地位を固めた井伊直盛があり、小野、新野、中野、奥山といった家臣団もまとまっていました。龍潭寺には南渓和尚と次郎法師直虎がありました。そして、祝田には井伊直親夫妻が仲むつまじく暮らしていたのでした。

そして、名君・今川義元は、武田信玄、北条氏康との甲相駿三国同盟で背後は安泰、そして、遠江と三河の支配は固まり、尾張への一大攻勢が始まろうとしていました。

なお、直満は、松源寺にあるとき、地元の島田村の代官塩沢氏の娘との間に高瀬《たかせ》姫と呼ばれる娘をもうけています。

のちにこの娘は、武田家家臣から彦根藩士となった河手主水良則《かわてもんどよしのり》と結婚しています。三河国武節城と河手城の2つの城の城主・河手主水佑景隆《かげたか》の嫡男で、武田信玄の家臣・山県昌景に仕えていましたが、のちに井伊直政の重臣となりました。

関ヶ原の戦いでは、直政に代わり高崎城を守り、彦根藩では4000石の家老となったのですが、養子・河手良列が大坂夏の陣のとき、井伊直孝と木村重成が激突して激戦となった若江の戦いで討死して断絶してしまいました。

しかし、幕末になって井伊直弼は直政の姉の家系ということで、甥に河手家を再興させました。

桶狭間で負けなくても上洛の意図はなかった

桶狭間の戦いの大番狂わせで、京へ上って天下に号令しようとした今川義元の夢は潰えたという伝説があります。しかし、これは、『太閤記』などで流布された都市伝説です。

そもそも、このころ、京都では、将軍足利義輝と三好長慶《ながよし》によるそれなりに安定した政治状況があり、義元を最高権力者として喜んで迎えるような雰囲気などありませんでした。

せいぜい、尾張を制圧したら、上杉謙信のように、周辺大名の了解を得て、数千くらいの兵を率いて将軍のもとに挨拶に参上するのが限界だったと思います。

また、兵を率いて上洛して、京都を一時的に占領するということは、そんなに難しいことでもありませんでした。難しいのは、それを維持することでした。

そもそも、織田信長の上洛ですら、同じようなことはすでに、大内義興《おおうちよしおき》と三好長慶が果たして、それぞれ10年ほど、京都を実質的に支配したことがありました。しかし、それで天下統一に近づいたかといえば、全くそういうことではなく、やが

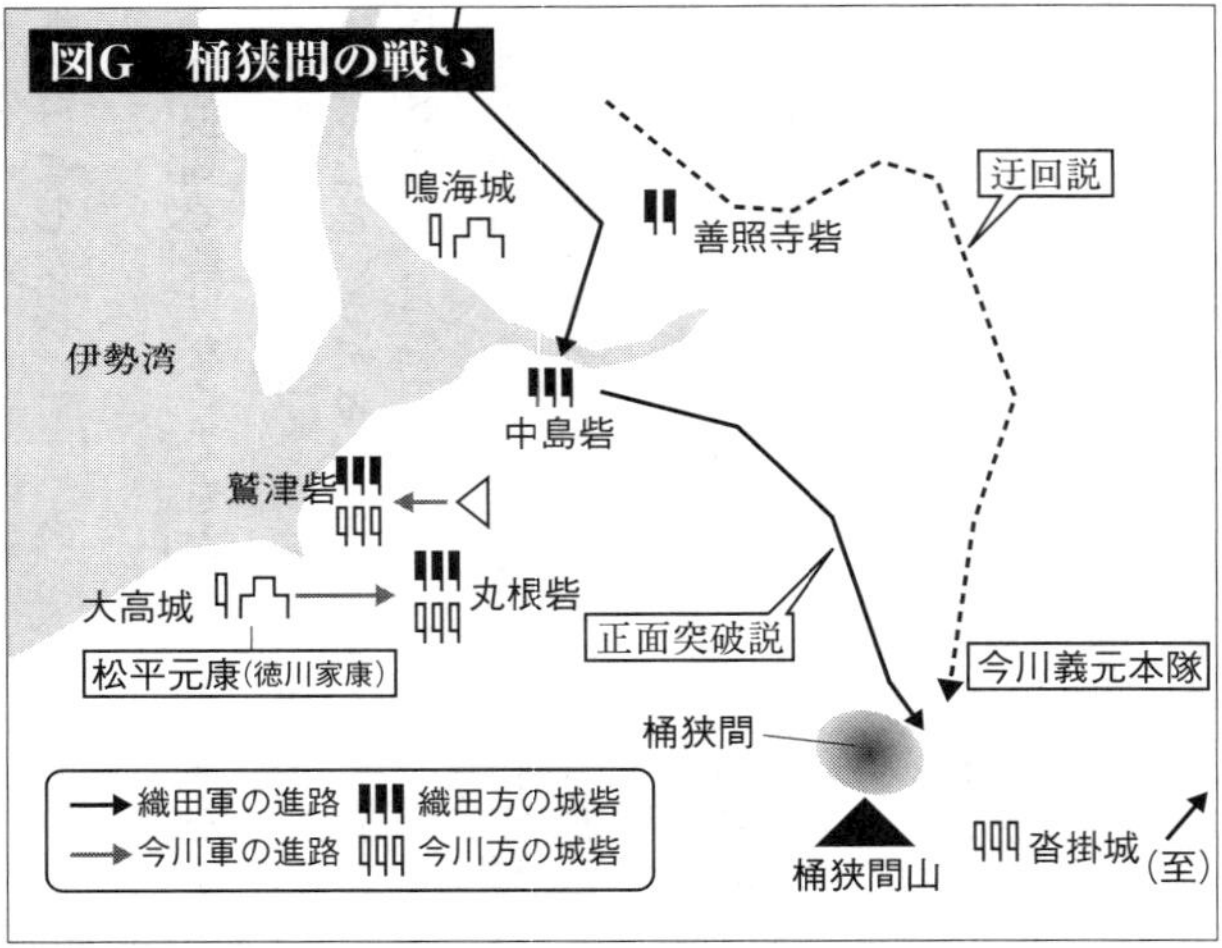

図G　桶狭間の戦い

て、京の政局に翻弄されて、退去せざるを得ないようになりました。

　そして、織田信長の上洛にしても、はじめは、足利義昭の将軍就任はもたらしましたが、信長は岐阜へ帰ってしまいました。

　この事件が天下統一に結びついたのは、足利義昭が信長の力を軽んじて幕府そのものが滅びることになったので、遡って大事件の始まりに位置づけられたのです。

　バスティーユ襲撃がフランス革命の始まりだというのと同じで、あとで大事件として記憶されることは珍しくありません。

　それでは、どうして、今川義元は

2万5000から4万5000といわれる大兵力を率い、義元自身が輿に乗って出陣したのかということです。

それは、父・信秀の死でぬきんでた勢力がいなくなった尾張の統一を信長が進め、完成間近になったので、ここで再起不能にしてやれという狙いで、今川義元は出馬したのでしょう。

ここで、少し織田家の由来と信秀・信長父子による尾張統一過程を説明しておきます。

織田信長は平家の末裔というのは嘘でない

織田家の公式な家系図によれば、壇ノ浦の戦いで死んだ平資盛《たいらのすけもり》というのが、始祖です。『平家物語』で摂政二条基房《にじょうもとふさ》の車と出会って道を譲らず馬から引きずり降ろされる騒動を起こした人物です。

その資盛の子を抱いた女性が、近江八幡の津田というところの郷長のもとに身を寄せて妻となり、たまたま立ち寄った越前の織田剣神社の神職が、そんな高貴な血を引いているなら養子に欲しいともらい受けたのが、織田親真《ちかざね》という人物だというのです。

さらに、織田家では、徳川氏が傍流の一族に松平を名乗らせたのと同じように津田姓を名乗らせています。たとえば、明智光秀の婿になった信長の弟・信行の嫡男・信澄も津田姓です。

津田郷に近い安土に居城を構えたことも平資盛の伝説と無関係と見ることの方がよほど不自然でしょう。

いずれにせよ世間も信長自身も平家の血を引くと意識していたことが大事なのです。

織田家は、越前の有力国人として、1380年ごろに守護となった斯波氏と関係を持ち、斯波氏が新たに尾張を領国に加えたときに、織田常松《じょうしょう》という人物が守護代として尾張に送り込まれました。

この織田家は、守護代と又代の家に分かれ、これが伊勢守家、大和守家と呼ばれるようになりました。伊勢守家は北部の岩倉城で上4郡を支配し続けたものの、大和守家が清洲で義敏の子である義寛の代から尾張に定住した斯波家を擁して下4郡を支配し、優位を占めました。

さらに、織田大和守家には、因幡守、藤左衛門、弾正忠という3宿老家がありましたが、そのうち、弾正忠家は尾張西部の勝幡城を本拠にしていました。そこから出た、信長の父・信秀が頭角を現し、対今川戦線でも少し年下の今川義元の弟といわれる氏豊に連歌友だちとして近づいて、これを騙して那古野城（現・名古屋市）を奪い、三河にも進出し、美濃の斎藤道三《さいとうどうさん》の娘を嫡男信長と結婚させました。ところが、信秀の死後、主君の大和守信友《のぶとも》は主導権を取り戻すべく動きますが、信長は守護斯波義統と結びました。義統は信友に殺されますが、義統の子の義銀《よしかね》は、信長のもとに走ったので、信長は義銀の復帰を助ける名目で信友を倒し、清洲城を手に入れました（１５５５年）。

そして翌々年には弟の信行を謀殺、岩倉城にあった伊勢守家の守護代織田信安を追放して、ほぼ尾張全土を掌握しました。このときに、信安の家老だった山内一《やまのうちかず》豊《とよ》の父・盛豊は死んだともいいます。そして、信長は少人数で上洛して将軍義輝にも謁見しています（１５５９年）。

この狙いは大当たりに見えました。信長は尾張の統一をほぼ完成させ、全国的に将来のホープとして注目を浴びていました。ただ、桶狭間の戦いは、その翌年であり、義元が３万５０００の兵で攻めてきたとき、尾張の土豪たちは日和見を決め込んだのです。領地の石高からすれば、当時の尾張は全国でも屈指の米所で、木曽川の流れも現在の岐阜羽島の北側で、あのあたりも尾張だったから今川家とそれほど違いません。

桶狭間で井伊家の当主も戦死

信長の支配地は義元のそれの半分よりは多いから、2万ほどは集まりそうなのに、戦況不利と見て5000しか来ませんでした。

しかし、精鋭5000は義理で付き合っているお客さんでなく、野心満々の、若者たちでした。信長が集めたのは、百姓上がりの木下藤吉郎《きのしたとうきちろう》、流れ者の滝川一益《たきがわかずます》、土豪の4男坊の前田利家、野武士の蜂須賀小六《はちすかころく》といった武将たちで、必死に命令通り戦ったのです。

義元のこの遠征の狙いは、一気に上洛をしようとしたという説から、尾張・三河の国境を固めて、三河の確固たる領国化を狙ったとするものまでさまざまです。ただ、とりあえずの軍事行動の狙いは明らかです。この戦いの前に、今川方は大高城と鳴海城を確保していました。それに対して、織田方は鷲津砦と丸根砦を築いて大高城への圧迫を強めていました。

そこで、今川方は松平元康に命じて大高城に兵糧を運び込ませ、丸根、鷲津の砦を攻撃し手中に収めました。

そして、後方の沓掛城から安全になった大高城に移動しようとして、動き始めました。信長が決戦の場として選んだのは、街道が起伏のある丘陵地帯をうねりながら続く桶狭間の地でした。今川軍はにわか雨にうたれて、少し開けた道ばたで休息することにしました。

そこへ、少数ですが精鋭を集めた部隊を率いた信長は、奇襲をかけました。尾張の夏は暑いのです。一時の涼を運んできた雨上がりの心地よい気分が、一瞬の隙を作り、今川軍は統制を失いました。信長は、義元だけを狙うように的確な指示を部下たちに徹底させ、あざやかに目的を達しました。

かつては、迂回して襲ったといわれていましたが、現在は真正面から一気に突っ込んだと分かっています。このときの信長軍は２０００人ほど、義元の部隊は５０００人ほどですが、護衛部隊は３００人ほどでした。

しかも、奇襲をかけられたときに、退くのか前進するのかも決まっておらず、一方的に餌食にされ虐殺されました。

今川方の戦死者は２５００～３０００人。武将だけで５００人も殺されています。そのなかには、井伊直盛のほか、松井宗信《まついむねのぶ》（遠江二俣城主）、飯尾乗連《いいおのりつら》（遠江引馬城主）、蒲原氏徳《かんばらうじのり》（駿河蒲原城主）、由比正信《ゆいまさのぶ》（駿河川入城主）、由比光教《みつのり》（駿河由比城主）、久野元宗（駿河久野城主）、三浦義就（駿河、旗頭）、二宮宗是（駿河、旗頭）、庵原元政（駿河庵原城主）が含まれていました。

井伊家からは200名ほどが従軍していましたが、主だった武将16名を含めてほとんどが命を落としました。鷲津砦の攻撃で先鋒をつとめたあと、義元本隊にいたところを襲われたのです。小野・奥山・田中・上野・多久郷・気賀・御厨・市村・牧野・袴田といった名字が挙げられています。どうして逃げなかったのか不思議ともいえますが、当時は、雑兵の手にかかって死ぬのをたいへん嫌い、逃げるチャンスがあるのに自害するのはよくあったことのようです。

井伊直盛の遺体は典山孫一郎が井伊谷へ持って帰りました。切腹する直前、直盛は遺言を遺しました。『井伊家伝記』によれば、「いま、思いもかけず切腹する事になったが、致し方ない事である。お前は、介錯して、首を井伊谷へ運び、南渓和尚に埋葬などを頼んでくれ。井伊谷城は、小野但馬守のやり方が気がかりなので、中野信濃守直由を井伊谷城の留守居役として置くように。それでもなお、小野但馬守と井伊肥後守直親との主従関係が心配であり、中野信濃守直由に井伊谷城を預けているうちに、頃合いを見計らい、井伊肥後守直親を引馬城へ移すよう、井伊直平公に詳しく伝えるように」というものでした。

やはり、直親には子供のことでもあり、まだ、危なっかしい点もあったのでしょう。それに、直親にとってみれば、小野但馬守の亡父である和泉守は親の仇です。そのあたりを考えて、直盛は慎重に事を運んだのだと思います。

この戦いで、義元が織田信長の出方をどう見ていたのか知る由もありません。出城にたいした援軍も送らず見殺しにしたところから、清洲に籠城し少しでも不利でない講和条件でも引き出そうとしているか、あるいは、その余裕すらなく、斎藤道三の美濃にでも逃亡するかとでも考えたのでしょう。

のちに信長が近江の六角氏を攻めたときに、六角定頼は緒戦での抵抗に失敗すると、観音寺城に籠もり、それも危うくなると密かに甲賀の山中に逃げ、捲土重来を狙って、ことあるごとにゲリラ戦を繰り広げましたが、そんなイメージを義元は描いていたのではないでしょうか。

ところが、信長が選んだのは、練りに練った奇襲戦でした。人生一度の勝負をここにかけたのです。今川がいかに大企業であっても、それなりの隙はあるはずです。そこを相手と同じ組織と行動の小型版で対抗しようとしても無理です。横綱相撲に対するには、出合い頭の一気の攻めか奇襲しかありません。

なお、信長は、斯波義銀もおおいに利用し、三河の吉良義昭との国境会談に同行し、義銀を国主として立て、尾張は義銀が国主だからと清洲城の本丸を譲りまでしています（弘治２〈１５５６〉年）。ただし、そののち義銀が吉良氏と旧勢力連合で信長から実権を奪おうとしたという口実で義銀を追放しました。桶狭間の戦いの翌年のことのようですが、もしそうだとすると、桶狭間の戦いの時の清洲城主は信長でなく義銀だったことになります。

桶狭間の敗戦で今川家の圧倒的優位だった東海地方の政治情勢は一変しました。尾張では織田信長の権力基盤が盤石になり、美濃や伊勢に触手を伸ばし始めます。また、三河では松平元康（徳川家康）が桶狭間の戦いのあと、岡崎郊外にある松平家の菩提寺である大樹寺で慎重に時をまち、岡崎城を今川家臣から平和裡に受け取り、ついで西三河から東三河に支配を伸ばしていきました。また、永禄５（１５６２）年には、織田信長との同盟を成立させました。

直政の父が徳川への内通を疑われて殺害される

駿河では、氏真が１５６８年まで健在だった祖母・寿桂尼の後見を得て必死の統治を展開します。北条氏との連携を再強化し、上杉謙信の関東侵攻に対抗し援兵を送り、永禄４（１５６１）年には室町幕府の相伴衆の格式を得ました。

しかし、衰退は止められず、遠江では松平元康からの攻勢も強まってきました。そんななかで、今川に対する忠誠を継続したい小野但馬守と、直親の対立が今度こそ先鋭化しました。そして、その結果は、直親の死と次郎法師直虎の女地頭就任とその後の追放へつながっていきます。

小野但馬守からみれば、今度こそのるかそるかでしたし、逆にいえば、井伊氏にとってかわるチャンスでした。

井伊直盛が桶狭間の戦いで討死したので、養子の井伊直親（亀之丞）が家督を相続して井伊家23代当主となりましたが、その翌年の永禄4（1561）年2月9日、井伊直親に嫡男である虎松（井伊直政）が生まれたのです。

まさに直盛の生まれ変わりで、次郎法師直虎にとってもなんとしてもこの子供に井伊家の未来を託そうという決意を固めさせたことでしょう。虎松という幼名と直虎という名を次郎法師が名乗ったこととの前後関係は分かりませんが、関係ないとは考えられません。

小野但馬守は、永禄5（1562）年、今川氏真に「主君の井伊直親が松平元康や織田信長に通じて謀反を企てている」と訴えました。

これを聞いた今川氏真は、直親を処分しようとしましたが、次郎法師直虎の伯父

直親の墓。右の灯籠は1851年、井伊直弼により寄進されたもの

である新野親矩の意見を容れて、とりあえず、弁解を聞こうということになり、井伊直親を駿府城へ呼び釈明させることにしました。

井伊直親は駿府城へ向かおうとしたのですが、掛川で城主・朝比奈泰朝の手勢に襲われ直親は家臣19人とともに討死しました。

指示が十分に伝わっていなかった事故かもしれませんが、このころの氏真は怪しいと睨むとすぐに殺してしまう癖があったといいます。最近、北朝鮮から幹部粛清の噂が聞こえてきますが、もしそれが本当のことだったらですが、追い詰められた権力者にありがちなことです。

さらに、このとき、今川氏真は2歳の虎松も殺すことを命じたといいます。資料によって詳細は違いますが、そこでまず、新野親矩が虎松を匿い、ついで龍潭寺を経て、奥山朝利の孫、つまり虎松の従兄弟にあたる六左衛門朝忠が三河山中の鳳来《ほうらい》寺《じ》へ虎松を避難させました。

井伊直親の謀反が讒言かというとそうとは言い切れません。松平方の調略は進んでいましたし、遠江の武将たちは鷹狩りなどの名目で、松平元康自身や重臣たちと接触していました。『井伊家伝記』にも「直親公、権現様へ付きたいとされ、ときおり三河へ行かれて（中略）権現様へ御内通なされていたのが直政公を取り立てられたそもそもの理由である」と記しています。そして、疑心暗鬼に誰もがなるなかで世に言う「遠州忩劇《そうげき》」という混乱期に突入します。

女地頭次郎法師直虎の誕生

永禄6（1563）年、今川に属していた遠江・犬居城（静岡県浜松市）の天野景貫が、松平に寝返りましたので、今川氏真は井伊直平にも天野最賞討伐の命を下しました。直平は75歳でしたが、氏真の命を受けて天野景直の犬居城へと向かう途中、引馬城（浜松城）に立ち寄りました。

引馬城の城主は飯尾連龍で、妻はお田鶴の方（椿姫）といいました。このとき、すでに松平と内通していたともいわれる飯尾夫人は、毒茶を直平にすすめ、直平は有玉旗屋の宿にて落馬し絶命したとされていますが、真偽不明です。

さらに、今川氏真は、飯尾連龍が離反したとして、直平亡き井伊家に永禄7（1564）年に引馬城攻撃を命じました。

しかし、ところがこの戦いは苦戦となり、引馬城を落とせなかったどころか、新野親矩や井伊谷を預かっていた中野信濃守直由が討死して井伊家はピンチを迎えます。

そして、飯尾連龍は、なお、徳川への寝返りは冤罪だと主張しました。武田との戦いが迫っていた今川氏真は和睦を持ちかけて駿府へ呼んで誅殺しました。

城主・飯尾連龍の妻であるお田鶴の方（椿姫）は、引馬城で領主としてふるまい戦い続けたといわれます。

なお、「浜松まつり」の凧揚げは、連龍の長男義広の誕生を祝ってのものだとの言い伝えもあります。また、東京原宿付近の穏田の旧家である飯尾氏は、飯尾連龍次男の子孫と自称しています。

今川氏真は直親を殺したあと、虎松も除こうとしたようです。そこで、新野親矩は、虎松を龍潭寺の南渓和尚に預けました。

こうして、井伊家は当主不在となり、女性の次郎法師直虎が井伊家の当主になりました。

永禄５（１５６２）年に井伊直親、永禄６（１５６３）年に井伊直平、永禄７（１５６４）年に中野直由と新野親矩が死んでしまったのですから窮余の策でした。それを優れた政治力で実現したのは南渓和尚でしょう。こうして「女地頭、井伊次郎法師直虎」が誕生しました。

なお、「地頭」というと、鎌倉時代には、守護の下に置かれた警察署長みたいなものでしたが、戦国時代には領主の俗称のようになっていました。

龍潭寺には、永禄８（１５６５）年９月15日に直虎が井伊家を相続した礼として子孫繁栄の意味も込めて出した寄進状が残っています。そこで、遅くともこのときまでに直虎は正式に井伊家の当主となっていることが確認できます。

第5章　築山殿は井伊家出身で直虎実父の従姉妹か？

徳政令と直虎の苦悩

次郎法師が井伊直虎として女地頭として君臨したことを立証する材料は、井伊谷における徳政令実施をめぐる経緯がかなり豊富な資料で残されているからです。

古代には和同開珎など皇朝十二銭といわれる貨幣が鋳造されていましたが普及は十分ではありませんでした。

ところが、平安時代の末期に日宋貿易で大量の銅銭が中国から輸入されるようになりました。この輸入で巨億の富を築いたのが、平忠盛・清盛父子です。

これが鎌倉時代から流通するようになり、貨幣経済が日本でも始まったのです。ただし、金銀貨幣の流通が本格化したのは、豊臣秀吉の天下統一によってのことです。

そして、貨幣経済になると金の貸し借りが始まります。しかし、確実に回収することは困難で、金利は極端に高かったのです。江戸時代でも公定利息は12〜15%くらいですが、実際にはもっと高いことが多かったといいます。

当然、効率の良い回収のためには、武力や権力の後ろ盾が必要です。そして、それを持っていると回収の確実性が増し低利で貸せて、利ざやも大きかったのです。

室町時代の京都周辺では、近江坂本の金融業者が圧倒的なシェアをもっていましたが、それは、比叡山の僧兵たちがついていたからです。

しかし、あまりの高利に音を上げて、行政命令で借金棒引きをしろという要求も出ます。その始まりが有名な鎌倉時代の永仁の徳政令（永仁５〈１２９７〉年）です。

それから、支配権力も貸す側に回ったり、借りる側に回ったりしていました。現代でもそうですが、暴力団の資金や脱税した金が資金浄化も兼ねて金融界には流れています。

とくに、寺社については、権力者が寄進をしたり、あるいは、賄賂として誰かに寄進させて、それを裏会計として使うことも多かったのです。

ですから徳政令を発布するかどうかは、権力者にとってもっとも重要な権限でした。最強の経済政策の手段でもありました。一般的にはこれを行うと世論の支持率は上がるのですが、逆にそれは、金を貸してくれる業者がなくなったり、金利水準が徳政令のリスク込みで高くなり、地元経済が破壊されるデメリットもありました。

また、名目上の領主でも実効支配力が及んでいないと徳政令など出せなかったのです。そうしたことを頭に置いて、以下の話を理解してください。

次郎法師直虎が女地頭になって間もなく、今川氏真が、井伊谷とその周辺への徳政令を公布しようとしました。氏真は永禄９（１５６６）年に井伊谷や都田、祝田、瀬戸などに徳政令を出したのです。

都田や祝田など、井伊谷周辺の井伊氏所領では、直親の死後は、土豪たちが井伊氏を通さずに今川家に直接仕えるようになっていたのでしょう。

そこで、彼女はすぐに動き、井伊氏の菩提寺である龍潭寺に対し、徳政令が公布されても実行されないという黒印状を出すなど、井伊谷と井伊氏の知行地に氏真による徳政令を行使させなかったのです。これは、家臣の井伊主水佑《もんどのすけ》の意向によるもののようですが、この井伊主水佑というのが誰かよく分かりません。

つまり、在地領主である井伊氏による知行権について、今川氏は介入できなかったのです。いわば、軍役など義務さえ果たしておれば、指図されないということです。

では、なぜ直虎が徳政令を凍結したかといえば、龍潭寺や銭の貸し手である瀬戸方久《ほうきゅう》（方休とも）ら高利銭貸しの権利を守ろうとしたからです。

しかし、あたりまえのことながら、地元の農民や商工業者ら借り主の徳政令を求める声は高まりました。祝田にある蜂前神社の禰宜《ねぎ》なども、こうした借り主を代表し、徳政令の実行を今川氏へ訴え出たのです。

こうしたなかで、家老の小野但馬守は徳政令実施の推進派として直虎たちをゆさぶりました。

また、瀬戸方久のような金貸しも、井伊氏に徳政令の凍結を求めつつ、独自に今川氏に、献金と引き替えに自分の土地だけは徳政令を免除するよう願い出ました。今川氏真は、これを受け、永禄11（1568）年9月に井伊谷における方久の土地を安堵するとともに、刑部城と堀川城の武器兵糧などの管理を頼んでいます。

この瀬戸方久の正体はよく分かりません。庶民から一代でのし上がったともいいますし、大河ドラマでもそう描かれるようです。しかし、土豪の一人が金貸しで儲けていたようでもあります。

母と龍潭寺松岳院で暮らす直虎と今川家の滅亡

いずれにしても、この時代には、武装した商人も多かったのです。たとえば、川並衆といわれる、徳島藩主家の蜂須賀家とか、織田信長の愛妾（というより第二夫人）だった吉乃の実家である生駒家はそういう存在でした。

図H　浜松市周辺井伊家関連場所地図

図Ｊ　井伊谷周辺地図

鳳来《ほうらい》方面
井伊谷城跡《いいのやじょうあと》
井伊氏居城
奥山方面
井殿《いどの》の塚《つか》
井伊家居館跡《いいけきょかんあと》
（推定《すいてい》）
渭伊神社《いいじんじゃ》
妙雲寺《みょううんじ》
北神宮寺遺跡《きたじんぐうじいせき》
井伊谷小学校
井伊谷川《いいのやがわ》
井伊谷宮《いいのやぐう》
龍潭寺《りょうたんじ》
神宮寺川《じんぐうじがわ》
257
井伊氏祖共保公《いいしそともやすこう》
出生《しゅっせい》の井戸《いど》
浜松市街方面

蜂前神社に残されている文書では、この問題をめぐって、徳政反対派の井伊主水佑の意見を容れて直虎が停止していましたが、それに反対する住民が、今川の代官の関口氏経に働きかけ、関口から小野に直虎を説得するよう要望したことが書かれています。意訳すると「関口越前守が次郎殿の方をなんとかしてほしいと思っておられるようなので、祝田禰宜から小野但馬守へ申して、次郎殿が徳政実施の考えをしかと聞き届けて、早々に徳政を仰せ付けてくださるのがもっともであると次郎殿から関口へ仰せられるように、小野へ言ってください（匂坂直興書状、永禄11年6月30日付、蜂前神社文書）」ということです。

これを受けて、永禄11（1568）年11月9日、今川の代官である関口氏経と連名で、直虎に徳政令の実行が認められました。直虎は花押を書いています。こうして、井伊谷における直虎の領主権は否定され、今川氏から直接に小野但馬守が支配を命じられました。

直虎はかつて井伊谷城から龍潭寺仁王門の前にあって、実母が暮らしていた松岳院に入り、一緒に暮らしていたようです。

このとき、南渓和尚は虎松（直政）に、奥山六左衛門（実母の兄）を付き添わせ、三河の奥の鳳来寺へ虎松を逃がしました。

一方、駿府では義元の母で、代表取締役会長的な存在だった寿桂尼が永禄11（1568）年3月14日に死んで、もはや、氏真だけでは組織を束ねるのは無理でした。

武田信玄の軍が徳川家康との密約に基づき、甲駿同盟を破棄して駿河国に侵入したのは、12月6日でした。そして、徳川家康が遠江国へ本格的に侵攻したのは永禄11（1568）年12月13日です。

今川氏真は駿府から逃げ出し、掛川城へ移って抵抗しました。

徳川家康の遠江侵攻については、すでに永禄6（1563）年あたりから動きはありましたが、慎重な家康ですから軽々しくは動きませんでした。その慎重さが、先走った感がある井伊直親や飯尾連龍を見殺しにする原因にもなりました。

徳川家康が井伊谷から遠江侵入

家康が容易に動かなかったのは、武田との共同作戦を念頭に置いていたからでもありますが、浜名湖沿岸には比較的、今川氏に忠実な武士が多かったこともあります。

そこで家康は、山間部からの侵入を探りました。家康は今川家に居城を奪われていた菅沼定盈《さだみつ》という武将を使って井伊谷三人衆の一人である菅沼忠久に接触し、忠久が縁戚の鈴木重時を、最終的には近藤康用まで仲間に引き入れました。

ついに、永禄11（1568）年12月15日徳川家康は、豊川から井之瀬を渡り、宇利峠から奥山を通って井伊谷に侵攻しました。

その後、家康は防備の弱まった井伊谷から三河主力軍を進めて、引馬城（浜松城）を18日には占領しました。ただし、この遠江侵攻の際に、三人衆の一人である鈴木重時が戦死しています。

引馬城に入った家康は、永禄12（1569）年には佐久・堀川・堀江城を攻略し、5月には今川氏真がいる掛川城を開城させ、氏真は5月15日には夫人の実家である小田原の北条氏を頼ることになりました。

家康は、元亀元（1570）年の姉川の戦いのあと、引馬城を浜松城と改め、岡崎城は長男の信康に任せて居城にします。最初は天竜川の東岸の見付《みつけ》のあたりに新城を建設しようとしたのですが、武田信玄との対決に備えて、西岸にある浜松に変更したようです。

井伊谷に徳川軍が侵入したとき、井伊谷城の三の丸に屋敷（後の井伊谷近藤氏陣屋）を建てて移り住んでいた小野但馬守は、洞窟に隠れていたところを発見されて捕縛され元亀元（1570）年、2人の子供とともに、井伊谷の蟹淵というところで徳川家康に処刑されました。

ただ、弟の玄蕃の系統が、与板藩家老として存続したのはすでに紹介したとおりです。

『井伊谷旧記』には、小野但馬守が中井氏（二宮神社の宮司家）に祟ったと記されていますが、この中井氏が但馬守を発見したのかもしれません。

井伊谷三人衆のうち、鈴木重時は戦死しましたが、子孫は水戸藩士となりました。菅沼忠久は井伊直政に仕え天正10（1582）年に死にましたが子孫は旗本になりました。近藤康用の子の秀用は、直政に仕えましたが、折り合いが悪く旗本になりたいと希望しましたが、直政を重用する家康に聞き入れられませんでした。

それでも、一時は井伊谷で1万石を与えられましたが、領地を3分割して交代寄合になりました。江戸時代の井伊谷の領主です。

築山殿が家康を恨んで当然

少しあとのことですが、虎松（直政）が家康に仕えて4年後。浜松を居城としていた家康に対して、岡崎城にあった家康の正室・築山殿と嫡男・信康が武田との内通の疑いをかけられ、築山殿は斬死、信康は二俣城で切腹を命じられる事件が起きました。

この築山殿については、その母が井伊直平の娘だと享保年間に書かれた『井伊家譜』にあります。おそらく、大河ドラマもこの説に近いストーリーとなることが予想されるので、そのあたりを検証してみます。

家康が駿府で人質になっていたころについて、大久保彦左衛門の『三河物語』には、今川方に抑圧された三河人の苦い思い出が書かれていますが、今川の支援あってこそ松平家は辛うじて生き延びたといえます。

しかも、家康は駿府で厚遇され、義元の姪を与えられました。年上の女性だというので押しつけられたと見たがる人もいそうですが、兄弟もいない家康が跡継ぎを早く得ることは今川家にとっても家康にとっても良かったのだから良縁でした。そして、信康、亀姫と2人の子を得て、岡崎への一時帰国も認められ、今川傘下の有力武将として順風満帆でした。

こうしたことは、家康が自分の故郷みたいなところだからといって、駿府を隠居所にしたことでも分かります。苦い思い出の場所は避けるものです。

とはいえ、桶狭間で今川義元が討たれたあと、家康は岡崎城に留まり、西三河の土豪を指揮下に入れ、2年後には清洲を訪れて織田方と盟約を結ぶにいたりました。反今川に回ったのではなく、「敵討ちをすすめてきたが、駿府ではその気もなさそうなので、織田方とも協調しないと、三河は混乱するので仕方ない」とでもいったのでしょう。

それに、家康の妻子や重臣たちの家族も人質に取られていたので、動きようがなかったのです。そこで、家康は今川一族の鵜殿長照《うどのながてる》を攻め子供たちを捕虜にしました。そして、築山殿母子の交換に成功しました。

怒った今川氏真は関口義広《せきぐちよしひろ》（親永ともいう）夫妻を自害に追い込みました。築山殿が家康を自分の両親を死に追い込んだ卑劣漢と恨むのも無理はないし、信康も可愛がってくれた祖父母への愛着もあり感情を共有しました。

しかも、築山殿は岡崎に入っても、家康の母である於大の方の意向もあって、城内に入れてもらえず、城外の菅生川のほとりの尼寺に留め置かれました。

今川派の築山殿が信康の妻としてやってきた信長の娘・徳姫に好感情を持つはずもありませんでした。

直虎と築山殿は会ったことがあるのか

時は移って天正7（1579）年になり、信康は21歳になって、浜松城に移った家康に代わって岡崎城を預けられていました。武田勝頼は長篠の戦いで敗れたものの、なお、遠江の東部を押さえており侮りがたいものがありました。

信康は、粗暴な行いもあったものの、武勇に富んでおり、策謀家でケチなところがある家康より人気がありました。しかし、酒井忠次や榊原康政といった老臣とはそりが合わず、康政などは殺されそうになったようです。また、徳姫との間には2人の娘がありましたが男の子はいませんでした。

この年の6月、家康は酒井忠次を安土に送りました。信長と会談したのち、忠次は、岡崎を素通りして浜松の家康のもとに向かい家康と協議しました。家康は家臣たちに信康との音信を禁止し、信康を三河湾に面した大浜、浜名湖畔の堀江、浜名湖の北にある二俣と転々と移したあげく、切腹を命じました。築山殿も浜松に移される途中で斬殺されたのです。

築山殿と信康が駿府から岡崎に移ったのは、永禄5（1562）年で、直平の死の前年です。もし築山殿が直平の孫だとしたら、その途上に、祖父であり曾祖父である直平を訪ねた可能性はあります。

あるいは、次郎法師直虎は、築山殿や信康が死んだ3年後の天正10（１５８２）年まで生きていたから、もし、そんなに近い血縁なら、面会したり話したりする機会があったかもしれないし、亀姫や信康の娘たちも同様です。

しかし、そうした記録はまったくありません。

家康のほうから信康処分の許可を信長に頼んだ？

ここに至るまでの信長と家康と酒井忠次のやりとりや、信康の行状や築山殿の武田への内通についての徳姫から信長への手紙については、資料によって違いが大きく断定的なことは何もいえないのです。

ただ、かつていわれたように、信長の命令に従って家康が泣く泣く無実の信康を除いたということではなく、信康と家康に深刻な対立があったのは間違いありません。

むしろ、信長の娘婿でもある信康を処断するに当たって、家康が信長の了解を求めたという可能性が高そうです。信長は忠次に「家康に処分を任す」といっているのです。

なにしろ、信康は信長の娘婿なのですから勝手に処断などできません。ただ、もしかすると、家康が信長に信康から岡崎城を取り上げるなどの処分を相談したところ、弟に謀反されて母親の頼みで許したら再び背かれて、だまし討ちで殺した苦い経験がある信長が、処断するなら殺さないといつかまた裏切られるかもしれないから、殺すしかないとアドバイスした可能性はあります。

のちに家康は信康を失ったことを悔いていますが、それは、不仲の妻や息子との中途半端な距離感が自ら息子を処断せざるを得ないような事態を招いたことを悔いていたのであって、措置そのものを後悔したのではなさそうです。

また、信康が武田と通じていたとは考えにくいものの、築山殿の立場からすれば、武田方からの誘いには耳を傾ける理由は十分にあり、信康も家康との対立が激しくなった場合に備えて母親の動きを黙認していた可能性はあるのではないかと思います。中小企業の社長親子で提携先について意見対立があることなど珍しくありません。

信康を殺した埋め合わせに虎松（直政）を重用したというのも荒唐無稽です。そんなことをするくらいなら、信康の妹で奥平信昌夫人になった亀姫やその子孫、信康の娘婿である小笠原秀政や本多忠刻をもっと重用してもよさそうなものです。いずれも関ヶ原の戦いのあとの石高で10万石程度にすぎません。家康の他の娘などの子孫のほうが優遇されています。

娘たちについては、織田信長と徳川家康を祖父にもっているのだから、もっと良縁を与えられてもよいはずですが、家臣たちに与えているのですから、他の娘たちの嫁ぎ先と比べても大事にしたとはいえそうもありません。

もっとも、この３人の娘はいずれも多産だったので、その子孫は多く、日本の多くの名家に信康や築山殿のＤＮＡを伝えています。

井伊直政の出世と築山殿

この築山殿については、その母が井伊直平の娘だと享保年間に書かれた『井伊家譜』にあることは既に記しましたが、それが井伊直政が徳川四天王の一人として異例の出世をした理由という人がいます。信康母子を織田信長の命令で死なせなければならなかった家康が、その埋め合わせに直政を抜擢したというのです。

おそらく、この説も大河ドラマでストーリーとして使われる可能性があるので、そのあたりを検証してみましょう。

家康の正室築山殿は弘治３（１５５７）年に家康に嫁いでいます。彼女は今川義元の重臣関口義広の娘で、義広の妻が今川義元の妹といわれるので義元の姪だといわれてきました。しかし、『井伊年譜』(彦根市立図書館所蔵)には、関口義広の妻は、井伊直平の娘であると書いています。

今川義元のもとに側室として送られ、そののちに、義元の妹として関口義広に下げ渡されたというわけです。

そもそも、15歳で家康に仕えた直政がたちまちのうちに出世して譜代筆頭のような形になったのは不思議です。そこで、「家康の寵童だったのでは」という説まであります。

そこで、小和田哲男氏がとくに主張しているのが、築山殿の母親が井伊直平の娘だからという説です。小和田氏らによる『引佐町史上巻』では、「家康正室築山殿は井伊氏か」と『井伊年譜』をもとにして展開されています。

ほとんどの幕府の資料は義元の姪としているのですが、『井伊年譜』のほかに、関口家の資料にも同様のものがあるといいます。

このあたりの文書の信頼性については、この程度のことで、正史をウソだと決めつけるのはおかしいと私は一般的には思います。たとえば、土佐藩祖である山内一豊の妻・千代についても、公式文書にはすべて近江の若宮友興《わかみやともおき》の娘としていますが、郡上八幡領主だった遠藤家の文書には、遠藤盛数《えんどうもりかず》の娘としています。

そこで大河ドラマのときも大論争がありましたが、やはり、よほど決定的な資料が出ない限りは、研究者の提出した仮説を安易に採用すべきでないと思います。

しかし、可能性がないとはいえないのはもちろんのことです。

第6章　井伊直政とその養母としての直虎

井伊直政と徳川家康の出会い

井伊直政とのちに呼ばれるようになる虎松少年が徳川家康に仕えるようになったのは、15歳だった天正3（1575）年の2月のことでした。新井白石の『藩翰譜』は、その出会いを「徳川殿が鷹狩りに城を出たとき、道のほとりに面魂が尋常でないものがいた。いかなるものの子かと尋ねると、井伊氏の孤児であるというので、それなら私に仕えよといった」というように描写しています。

『徳川実紀』とか『井伊家伝記』とか、それぞれに少しずつ違いますが、よく似たものです。ただし、このときに、虎松は母の嫁ぎ先である松下源太郎清景《まつしたげんたろうきよかげ》の養子ということになっていました。

どうして、井伊谷が徳川軍によって解放されたときに名乗り出なかったのか、なぜ松下家の養子になったのかということの理由は伝わっていません。

ただ、私が思うに、大きな会社の社長になった人のところには、むかし、なにがしかでもその社長がお世話になった人の子供など、いっぱいいきます。それを全部、採用するわけにもいきません。まして、井伊家のように、桶狭間の戦いで直盛が家康とともに先鋒をつとめた名門の跡取りともなれば、採用すればそれなりの待遇をせざるを得ませんからなおさらです。

ですから、上手にタイミング良く売り込まないとダメに決まっています。そこで、15歳になって一人前に使ってもらえるようになるまで待ったのではないでしょうか。また、亡き父親の名前を出しても、「そんなのもいたな」ですまされては困ります。

そういうことでいえば、松下一族、なかんずく清景の弟である常慶《つねよし》は家康にたいへん近かったので、松下家の人間としてアプローチするのが無難だと思ったのではないでしょうか。

木下藤吉郎も仕えた松下家

松下氏の本貫地は三河国碧海郡松下郷（現・愛知県豊田市桝塚東町・桝塚西町）ないし、遠江国松下（現・静岡県菊川市西方）ともいわれます。

松下常慶は、台所・税務を司ると同時に三河・遠江・駿河の白山先達職を修験者として任じられ、諜報活動に活躍したといわれる家康の側近でした。

松下清景は、弟である常慶の紹介で徳川家康に仕えました。また、直親の未亡人（井伊直政の生母）と再婚して、虎松（直政）を養子にしました。虎松が「井伊万千代」となったため、中野直之の次男一定を養子に迎えています。

また、少年時代の木下藤吉郎をはじめに雇った松下加兵衛之綱（頭陀寺の松下屋敷）や、虎松を保護したという鳳来寺松下氏も親戚です。

虎松は、頭陀寺の松下屋敷に住んでいたとも、手習いをしていたという浄土寺に近い浜松城下の松下清景宅に住んでいたともいわれます。

この清景の子孫は、越後与板藩（藩主は与板井伊氏）の家老となりました。常慶入道安綱の子孫は旗本として火付盗賊改方を務めました。

之綱は豊臣秀吉によって大名に取り立てられ、その子孫は縁戚となった加藤嘉明《かとうよしあき》が会津に転封になったときは、二本松城主や三春城主を務めましたが、加藤明成《あきなり》が改易されたときに連座し旗本に降格されました。

いずれにせよ、家康側近グループである松下家の人間として、失敗のない会わせ方をしたうえで、「15年ほど前に、井伊谷の若い領主だった井伊直親というものがいました。三河の松平に内通しているのではないかと疑われて掛川で朝比奈の手下の者に殺された事件がありましたが憶えておられるでしょうか」といったら「そうか、知ってるぞ。あのときの直親殿の子だというなら雇わねばなるまい」ということになったのでしょう。

もちろん、虎松の容姿や物腰、直虎たちが用意した小袖のあでやかさといったものも、この会見の成功に寄与したと思われます。

この企ては、直虎をはじめ井伊家の女たちにとって一世一代の大勝負だったのですから有りたけのことをしたのでしょう。

大きな流れとしては、そういうことですが、直虎を始めとする人たちは、このように持って行くためにどういう努力をしたのでしょうか。

まず、虎松が鳳来寺へ預けられたのは、直虎が徳政令騒動で地頭の地位を追われたときで、虎松は８歳でした。

そして、天正２（１５７４）年の井伊直親十三回忌のときに、鳳来寺から井伊谷の龍潭寺に戻り、とりあえず、母の再婚先である、松下清景の本拠地である浜松郊外の屋敷に入ったわけです。そこで、松下家の者という安全な地位を確保しました。

ここで、直虎がどんな役割を果たしたかというようなことは、小説家にお任せするのがいちばん良いと思いますので、いくつか、ご紹介しましょう。（※注　以下、①〜④のカギカッコは引用）

文学作品における家康と直政の出会い

①『剣と紅』　最終章　剣と紅

香（直虎）は龍潭寺で南渓、日夜（直政の母）、安佐（直虎の母）に加え、鳳来寺から虎松を呼び戻し、徳川家康に出仕させたいという思いを打ち明ける。香は家康正室の瀬名（築山殿）と親交があり、徳川にはひとつ貸しもあるので、虎松をそばに置くだろうという確信があった。「虎松を鳳来寺から呼び寄せた香は」、「日夜のいる松下の家で支度をさせ、対面の日に臨むことになった」。しかし、三方ヶ原の合戦のあおりで井伊谷は焼き払われて満足な具足も揃わなかったので、「日夜とともに、直親の形見の小袖を仕立て直し、どうにか体裁を整えた」。天正三年二月二五日、家康が初鷹野に向かうことを松下常慶（日夜の再婚相手である松下源太郎の弟）から連絡を受けて、対面した。家康は虎松を気に入り、その日のうちに浜松城に呼んだ。虎松の供には幼なじみの亥之助が同行した。「ほどなく、虎松は万千代という名を与えられ、同年五月長篠の合戦に家康の小姓として従軍した。」

②『井の国　千年物語』　一四　虎松、徳川家へ出仕

天正三（一五七五）年虎松15歳の時、父直親の一三回忌の法要が行われ、南渓和尚、次郎法師直虎、祐椿尼（直虎の母）、虎松の母が相談して虎松を徳川家康の家臣にすることに決めた。家康が三方ヶ原に鷹狩に出たとき、松下源太郎や次郎法師に付き添われて、虎松は家康に会った。「家康は、直親が家康に味方しようとしたために、今川家に討たれてしまったことを覚えていたので、その罪滅ぼしにもなろうかと考えて、虎松を家来にすることにし」、「虎松は家康より万千代という名をもらい」、「虎松は成人して井伊家二四代井伊直政と名乗り、徳川四天王の一人といわれるまでに」なった。

③『井の国物語』　三　虎松出仕

三方ヶ原のいくさが終わり、直虎は、「今年元服の歳を迎えた虎松を当主と建てて、井伊家の再興を図ることこそ、何よりも先立つ自分の仕事と考えていた」。「人に勝れた武将と噂されている家康」に虎松を託そうと考えた直虎は南渓に相談した。南渓も賛成し、家康に烏帽子親になってもらうことも考えて、元服しないで出仕することにした。出仕のための小袖も縫って準備した。

④『女にこそあれ次郎法師』　第十三章　虎松と信康　第十四章　井伊万千代

「天正二年一二月一四日、直親の一三回忌法要が龍潭寺でおこなわれる。そのために虎松を奥三河の鳳来寺にやって以来、初めて呼び戻した」。「八歳だった子がもう十五歳になろうとしている」。「義母上さまからいただくお文を、虎松、いつも支えにしておりました」と話は進む。

法要の翌日夜、龍潭寺の南渓の居室に祐（直虎）、母祐椿尼、ひよ（日夜）が虎松のこれからを話し合った。南渓が「虎松を徳川家康に出勤させようと思うが、いかがか」と口火を切った。家康の堀川城陥落のおりの気賀の住民への容赦ない虐殺がわだかまっていて「祐は素直に肯けなかった」。

しかし、ひよ（日夜）が「わが夫源太郎も徳川さまに仕えております。新参者ですが、功績次第でおとりたてくださるお方、と申しております。苦労なされた分、家臣にはやさしいお方とも」。「井伊家を出たわたくしが申すことではございませぬが、主取りをさせるのならば、そういうお方がよいとかねがね思っておりました。

もちろん夫とそんな話はしておりませんが、言えば大喜びで力をお貸しすると言い出すことと」という。

その言葉を聞いて、皆が家康に預けることを納得する。虎松は鳳来寺へは戻さないことにした。

「虎松から寺僧たちが男色関係をしつこく迫ってくると告白され」たこともある。祐は確実に家康の心を捉える手立てを考えた。家康は小野但馬守を処刑する際、直親との関係を否定し、小野の讒言だと突っぱねたからだ。その中で築山殿を思い出し、口添えをしてくれるかもしれないと思った。

また、南渓と祐は虎松を連れて松下源太郎を訪ね、虎松を源太郎の養子にしてほしいと依頼した。源太郎は「ここで井伊家のたった一人の遺児をわが子にしておけば、もしも井伊家再興がかなった暁には、自分は当主の養父」と願ってもないことだと了承する。

弟の常慶は「家康が遠江侵攻を考え出した頃から、便利に使っていた男で」、「家康の覚えめでたく、家中のことも精通している」ので一緒に手伝わせようと源太郎は提案する。そして、出仕の段取りがつくまで、虎松は浜松の松下屋敷に引き移った。祐は築山殿と接触し、ちょうど居合わせた信康に虎松の事情を話した。

信康は、「『次郎法師さまには申し訳ないが、井伊家はすでに断絶していると世間はみなしておるわけですし。それともう一つ、父上のお立場ということにしても、ご自身が以前、直親どのと内通していた事実を否定なされたわけですから、よほどうまくやりませんと』家康と虎松、双方の面子をつぶしてしまわぬよう、慎重にやらないとまずいというのである」「信康の深慮遠謀に、祐はただただ驚嘆した」。そして、信康は毎年二月の半ば頃に行う初鷹狩のお出ましの折に目通り出来るよう段取りをつけると提案し、祐はそれにのった。（以上、第十三章）

常慶が家康は二月一五日に三方ヶ原で鷹狩をすると、また岡崎の信康からも目通りできるよう側近に手配したと知らせがあった。

祐は小袖二枚を虎松に渡してくれるよう差し出した。母と祐が縫ったものである。母はおふう（虎松の異母姉だが、まだお披露目していない）と縫った。

元服については、源太郎の養子になっている以上、元服をすれば松下を名乗ることになり、そのあと井伊直親の子と明かさなければならなくなる。こちらにやましいことがない以上堂々と名乗り出た方が得策であると結論を出して、南渓と祐は元服はさせないことにした。家康に烏帽子親になってもらえば虎松にとって何よりよいだろうとも考えた。目通りには祐も一緒に行くことにした。家康が虎松を託すに足る人物であるかどうか自分の目で確かめるためだ。

天正三年二月一五日、祐、虎松、松下源太郎、小野亥之助は家康に目通りするため、家康一行が立ち寄る三方ヶ原の大菩薩山の麓の有玉旗屋で待機した。路傍でいきなりお目通りを願ったという形をとったほうが、あとあと家内での立場が良いと信康たちが判断したからだ。

家康一行が通りかかると、家康に付いていた常慶がまず目通りを家康に願い出た。祐は臆さず、虎松を家康の家中に加えてもらうよう言上を述べた。やりとりのあと、祐が瀬名に連れられて駿府の今川館で出会ったことを家康が思い出し、直盛の息女とわかると、桶狭間の合戦で共に出陣したことを懐かしげに話した。「尼どのは井伊信濃守直盛どののご息女か」「はい――」「直盛の一女祐、いまは井伊谷龍潭寺の祐圓尼と申します」「では、もしや、西遠で知らぬ者はおらぬ女地頭、次郎法師どのでは」「はい、次郎法師と名乗り、井伊家当主を務めておりまする」「いやいや、直盛どのご息女であるご当主を地べたで土下座させたとあっては、この家康が礼儀知らずと笑われる。さあさ、お座りなされ」「地頭職を務めておられた頃は、男名で安堵状の発給などもなさったとか」「お恥ずかしゅうございます」「たしか名乗りは——」「井伊直虎と」「なんと、それはまた」「かように清《すが》しい尼御前にそぐわぬ武張った名をつけられたものよ」「おそれいります」「この西遠に入る際、菅沼、近藤、鈴木の三人衆に案内させて井伊領を通らせてもらったが——」「直親が存命でありましたら、みずからお勧めいたしましたでございましょう」「いかにも——」「直親どのはお気の毒であった」「よい子柄じゃ。虎松とやら、どうだ、わしの家来になるか」「はいっ。かたじけなく承りまする」「幾つじゃ」「十五にございます」「ほう、すると信康より二つ三つ下か。近頃は岡崎に戻る暇がのうて、しばらく会っておらんから、ほとんどおなじ年頃かと思うた。そういえばどことのう似ておる」「又従兄弟にあたりますので」「なるほど、そうであったな。いずれも聡明美貌。やはり血は争えん。あ、いや、親馬鹿に聞こえたか」「はい、さぞご自慢の御跡継と」「いかにも、いかにも」「ついてまいれ」（以上、第十四章）

このあたりを総括しますと、『剣と紅』では龍潭寺で直虎は南渓和尚、虎松の母、自分の母である祐椿尼に、家康に出仕させたいという提案をしています。親戚に当たる築山殿のことがあるので、家康が側に置いてくれることを疑っていなかったとしています。

ただ、家康との対面は、虎松の実母の再婚相手・松下源太郎の弟である常慶に斡旋させ、直虎が同行したとしています。全440ページ中、最終章の2ページほどの分量です。

『井の国　千年物語』では、父直親一三回忌法要のおりに南渓和尚、次郎法師、祐椿尼、虎松の母が相談して虎松を徳川家康に会わせることを決めたとしています。そして、家康は、見殺しにした直親の息子ならということで当然のことのように出仕は叶ったとしています。

『井の国物語』では、三方ヶ原の戦いが終わり、家康の遠江支配が安定してきたので、直虎が南渓和尚に提案して仕官させたとなっています。南渓も賛成し、家康に烏帽子親になってもらうことも考えれば、元服しないで出仕することにしたというところがユニークです。

詳しく記述があるのは『女にこそあれ次郎法師』で、直親一三回忌法要のおり、龍潭寺の南渓の居室に祐、祐椿尼、虎松の母が虎松のこれからを話し合い、南渓が家康に出仕させてはどうかとしたとしています。そして、直虎は家康の遠江侵攻の残虐さに躊躇しますが、虎松の母が家康の人徳を説明し、再婚相手の松下源太郎も協力するだろうとしたので直虎も納得したとしています。

そして、かつて直虎は駿府で築山殿の紹介で若いときの家康と出会ったことがあると設定し、直虎が岡崎で築山殿や信康と会って頼んだとしています。しかし、信康は家康が小野但馬守を処刑したとき、直親が内通していると讒言したのを理由とした以上は、直親が家康と通じていたことを仕官を認める理由にできないとして、あまりストレートにものをいわないことをすすめました。

むかし、家康との内通を疑われて殺された武士の遺族を片っ端から雇うわけにはいかないので、この辺は妥当な判断です。

そして、たまたま、路傍でお目通りを願ったことにして、虎松の出仕が政治的に仕組まれたものではなく、家康が会ってみて気に入ったという形にしています。

果たして、虎松の出仕に築山殿や信康が一役かったという説には、あまり賛成できませんが、それを除けば、なるほどこういう配慮の末の出会いであったこともありそうだと納得できる内容です。

虎松の晴れの出仕のために直虎は、直親の形見を小袖に仕立て直しています。『剣と紅』では「香は虎松実母の日夜とともに仕立て直し」、『井の国物語』では「お目見えの日のために小袖を縫っておりますと直虎が南渓に話し」、『女にこそあれ次郎法師』では「祐は小袖二枚を虎松に渡してくれるよう差し出しています。母と祐が縫ったものである。母はまだ妹弟とひきあわせてやれないことを不憫に思っているおふう（虎松の異母妹高瀬姫。なお『剣と紅』では異母妹は篠という名になっている）と縫った」とありますが、このへんは、女性が登場する歴史小説でよく出てくるストーリー展開です。

直政の出世と直虎の死

いずれにせよ、家康はこの少年がいたく気に入り、自分の幼名・竹千代にちなんでか、虎松に万千代を名乗らせました。このとき、『井伊家伝記』などには300石をもらったという話がありますが、関東に移るまでの石高はもうひとつ信用できません。

だいたい、この段階で石高で知行を図っていたかも過渡期なので疑問ですし、この時代の石高としてよく使われる数字は、江戸時代になってからの水増しされた石高で計算しており、太閤検地の石高よりかなり多くなっているのです。

たとえば、関ヶ原の戦いのあと、土佐山内20万石とか肥後加藤50万石などといいますが、太閤検地の数字ではそれぞれ10万石弱、30万石でしかないのです。

しかし、出世ぶりを表す相対的な指標としては目安になりますので使っておきます。

2月に仕官したのち最初の大きな出来事は井伊谷から山一つ越したところでの長篠の戦いだったはずですが、ここではとくに活躍した話は残っていません。

そして翌年の遠江東部の高天神城攻防戦では、「甲冑着初め式」をすませていた万千代は、芝原の陣で家康の寝所に忍び込んだ敵を討ち取り3000石に加増されたといいます。

ついで翌々年の天正6（1578）年には、駿河田中城の戦いで手柄を立てて1万石を得ますが、この年に、実母が死んでいます。

そして、その翌年が信康事件が起きた年ですが、その2年後には武田衰亡を決定づけた高天神城を落城させた戦いで大功を上げました。

さらに、天正10（1582）年には、甲州攻めに参加しました。この功績で駿河一国を得た家康が御礼のために、安土へ伺候したときに同行しましたが、このとき

図K　関ヶ原の戦い以前の大名配置と主な石高

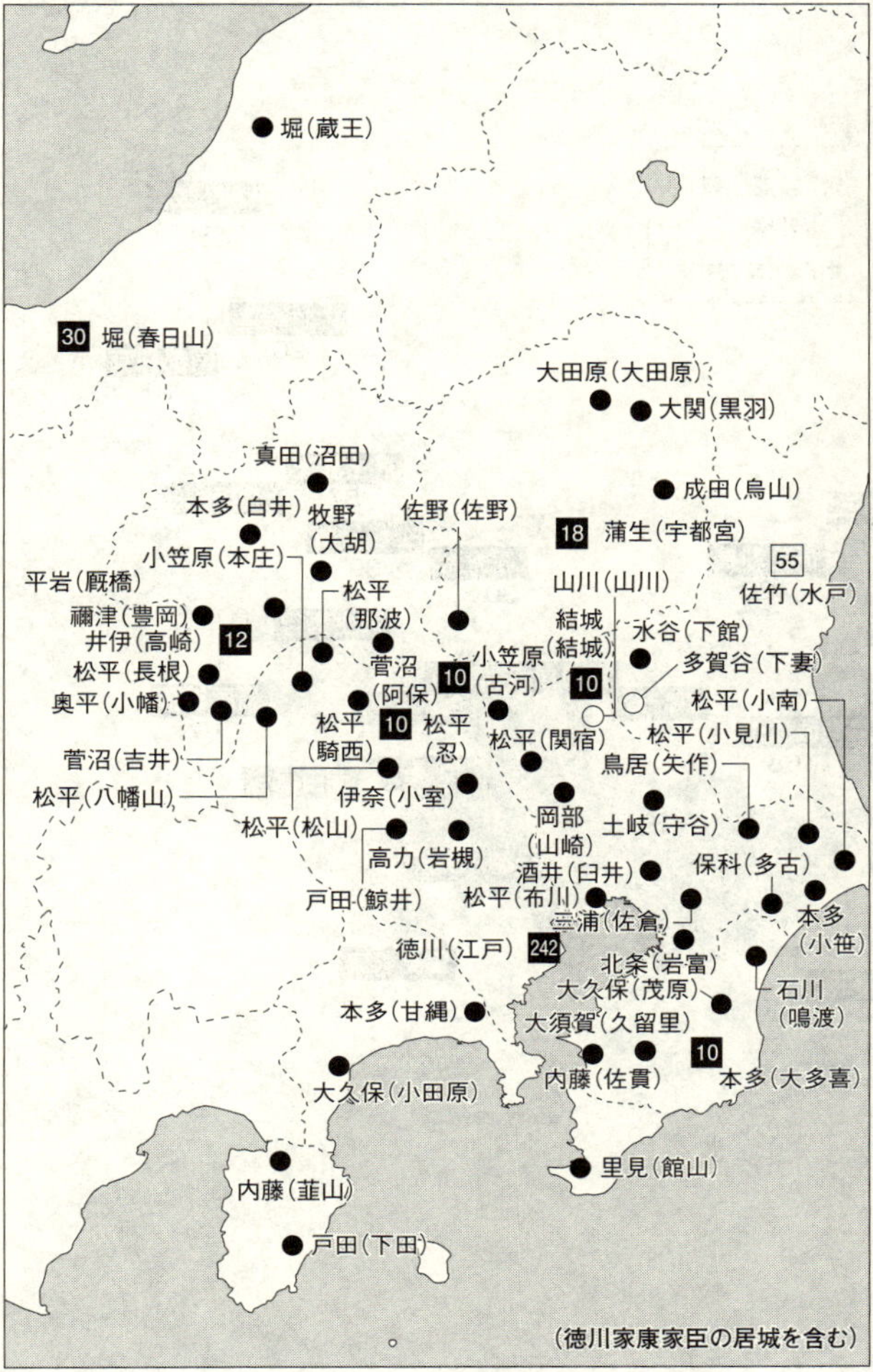

※○が西軍、●が東軍、□■は10万石以上で数字は石高（万石）を示す

親藩・譜代
外様
数字は石高（万石）
津軽為信
5
佐竹義宣
20
南部利直
10
最上義光
57
伊達政宗
60
上杉景勝
30
伊直政
18
前田利長
120
堀秀治
30
蒲生秀行
60
真田信幸（信之）
12
森忠政
14
奥平家昌
10
鳥居忠政
10
結城秀康
68
榊原康政
10
武田信吉
15
松平忠吉
52
徳川秀忠
里見義康
12
徳川家康

図L　関ヶ原以降の主要大名の領国

に、本能寺の変に遭い、山城・近江・伊賀・伊勢の山中を縫って白子の港から三河に戻りましたが、万千代は見事な働きをしたとして、褒美に孔雀の羽で織った陣羽織をもらいました。

この陣羽織は、新潟県長岡市の与板歴史民俗資料館に保管されています。

7月には、甲州をめぐる北条軍とのにらみ合いに参加しましたが、8月に直虎が井伊谷の松岳院で没しました。法名は妙雲院殿月泉祐圓大姉です。

その末期の様子は不明ですが、直虎が想像した以上の成長をみせ、井伊家の全盛期をしのぐ地位に達したのですから、さぞ満足な一生であったと思います。

その後、この年の11月に万千代は元服。24代井伊兵部少輔直政を名乗り、10月には、甲斐・信濃・上野の旧武田領をめぐる外交交渉の使者を首尾良くつとめ、その功で4万石に出世します。

家康が武田軍団から吸収した武田二十四将の一人・山県昌景《やまがたまさかげ》の家臣団を井伊家臣団に加えましたが、山県昌景は兜から甲冑具足に至るまで真っ赤な赤備えで知られていました。直政はこれを踏襲し、井伊の赤備えは戦場の名物となりました。このとき、直政は22歳でした。

龍潭寺（浜松）にある直虎の墓（左から4番目）

豊臣秀吉の指名で徳川譜代筆頭に

井伊直政が本多忠勝、榊原康政、酒井忠次など松平家代々の重臣たちと肩を並べ徳川四天王などと称されるようになり、あるいはそのなかでも一頭地を抜く存在になったのは豊臣秀吉との出会いによるところが大きいのです。

小牧・長久手の戦いのあと、秀吉は妹の旭姫を家康の夫人として送り込み、さらに、娘を訪問するという名目のもとで、母の大政所を実質的な人質として送ってまで家康の上洛を求めました。

このとき、岡崎城では本多重次らが、家康の身に万が一のことがあった

彦根駅前の井伊直政像

ら、ということで大政所の居所の周りに薪を積み上げ火をかける準備などをして、彼女たちを恐怖のどん底に陥れました。

これに対して、母に接するようなやさしさをもって大政所の面倒を見たのが直政で、帰坂するときに大政所は、直政が随行して送り届けてくれることを望みました。

秀吉も何より大事な大政所から直政の人柄を聞き大いに感謝したのは当然で、のちに後陽成天皇が聚楽第に行幸したときには、諸侯と並んで従四位の官位まで与えています。言ってみれば、有力関連会社の若手役員が本社の役員の末席に座ったみたいなものです。

しかも、秀吉は羽柴の姓まで与えようとしたのですが、直政は「家康が松平姓を与えようといってくれたときにも断ったので遠慮したい」と辞退したといいます。

無骨者が多い譜代の家臣にあって、秀吉をはじめとする中央政治の場で外交ができる人材は、家康にとってもまことに得難い存在でした。それはまるで、中小企業が採用した最初の大卒社員のできがそこそこよくて、銀行などとの交渉を上手に処理してくれ、社長さんも大いに満足、といったところです。

私はこの出世の理由として読み書きがきちんとできて礼儀作法も心得ていたことが大きいと思います。そもそも、この時代の武士は読み書きも満足にできない方が普通でしたが、石田三成や井伊直政のように、子供のころに寺に入って修行していたとなれば、そこそこの水準に達していたはずで、それだけでも、外交交渉や占領行政では、荒くれ武者とは差をつけることができたのだと思います。

現代の企業でいえば、海外との取引や進出を始めようとしたときに語学力にすぐれた若手幹部が優位を占めるのと似ています。もちろん、武将としての能力も優れていないと、単なる右筆や参謀になってしまうので、それが大前提であることはいうまでもありません。

この秀吉とのパイプのお陰もあって、直政は家康が関東に移されたとき、上野箕輪城12万石の城主となって、10万石の本多忠勝や榊原康政より格上の扱いを受けるまでになりました。

親切なことに秀吉はどこの城に誰を置いて、どのくらいの石高を与えるかまで家康に指示したのです。「宇都宮において家康にそなたのことを懇々と言い聞かせて

井伊家菩提寺の清涼寺（彦根）にある直政の墓

おいた」という、秀吉から直政宛の書状があるぐらいで、秀吉からすれば上杉における直江兼続のような信頼を直政においていたのです。

直江も秀吉との窓口を背景に最大実力者にのし上がったわけですし、小早川隆景や堀直政、鍋島直茂、伊集院忠棟などもそうです。いってみれば主力銀行の信頼抜群で出世したサラリーマンのようなものです。

さらに、直政の娘は家康の4男で秀忠と同腹の忠吉に正室として嫁ぎました。まったく尋常でない優遇ぶりです。

家臣に、今川や武田の旧臣が多いのは、誇り高い彼らを御すには、名門出身の直政でなければということもあったのでしょう。とくに、赤い甲冑で固めた武田伝来の「赤備え」軍団は井伊軍団のシンボルとなりました。

直政は１５９７年になって、中山道と三国街道の分岐点にある和田城を改修し、本拠として移ることを決め、翌年に引っ越しして、高崎城と名付けました。箕輪城下恵徳寺の開山龍山詠譚和尚が「松は枯れることがあるが、高さには限りがない」として名付けたとされています。

山間地から平野部という意味もありますが、箕輪城の立地は南からの攻撃に備えたもので、関東を西からの攻撃から守るという意味では高崎のほうが優れているというのも理由でしょう。

関ヶ原の戦いで直政は忠吉とともに奮戦し、島津軍の猛反撃で傷を負いました。戦後、家康は近江佐和山で18万石を与え、その後、３代直孝の功績で35万石にまで加増されました。同じ譜代の重鎮の酒井家や本多家には分家が多いので単純な比較はできませんが、彦根藩の35万石に次ぐのは姫路の酒井家、越後高田の榊原家の15万石であり、しかも、徳川３００年を通じて一度も転封されなかったということでも、幕府を支える要として特別の存在でした。

しかし、直政は関ヶ原での傷がもとで翌々年に病死してしまい、徳川の外交は、本多正信らが主導する老練だが、あまり洗練されないものになったように思います。

徳川家光の後見人だった井伊直孝

井伊直政は関ヶ原での傷がもとで翌々年（1602年）に病死し、2代目の直継《なおつぐ》（直勝《なおかつ》）は彦根城を築きましたが、病弱でした。

直継の母は正室の花（唐梅院《とうばいいん》）でした。生まれたのは、天正18（1590）年のことです。小田原の役の年でした。幼名は、直政と同じ万千代でした。同じ年、直政の側室に次男・弁之介が誕生しました。

慶長5（1600）年の関ヶ原の戦いで直政は島津軍の逆襲で鉄砲の弾に当たり、その傷が原因で2年後に死んでしまいます。このとき、万千代13歳。井伊家25代直継と名乗りましたが、これでは、直継自身が家内を治めていくことは無理でしたので、筆頭家老の木俣守勝《きまたもりかつ》が筆頭にこれを補佐しました。

まず取りかかったのは、新城築城でした。徳川家康から与えられて、はじめ佐和山城に入ったのですが、関ヶ原の戦いののちに石田三成の父らが籠城戦を戦ったので、城は荒れ果てていました。

石田三成の居城だから嫌ったという説もありますが、そんな理由で城を移した戦国武将はいません。佐和山城は東や北からの攻撃を念頭においた重要な立地です。織田信長と浅井長政が対峙していたとき、まさに、小谷《おだに》城と正面から向かいあう位置にあったわけです。

しかし、南側からの攻撃に弱そうでした。つまり、仮想敵である大坂方からの攻撃にはあまり良い立地ではありません。また、琵琶湖から遠いことも難題でした。そこで、直政は彦根と米原の中間の磯山に新城を建設しようとしていました。しかし、さらに検討の結果、彦根山にすることを木俣守勝の意見で決めて築城にかかりました。

この築城は天下普請で行われ、幕府から３人の公儀御奉行が派遣され、７ヵ国12大名が手伝いました。天守閣は大津城のものを使い、確証はありませんが、小谷城の三重櫓、長浜城の天秤櫓、佐和山城の太鼓門櫓なども移されたという言い伝えもあります。慶長11（１６０６）年、第２期工事が終わり天守閣が完成すると直継は入城しました。

家康は木俣守勝と鈴木重好《しげよし》の両名を家老として直継を補佐させましたが、慶長10（１６０５）年に椋原正直《くれはらまさなお》と西郷重員《さいごうしげかず》らが鈴木重好・重辰《しげたつ》父子の不正を家康に訴え、重好が追放されました。鈴木重辰は椋原や西郷と互いに起請文を取り交わして和解しました。

慶長15（1610）年に筆頭家老の木俣守勝が死ぬと、直継は家康の許しを得て、守勝の養子である守安を排除して、鈴木重辰と椋原正直を家老にしました。

しかし、これに木俣派が不満をとなえ、家中はおおいにもめました。結局、大坂冬の陣のとき彦根兵を率いたのは、異母弟の直孝でした。そして、戦後に、彦根藩は直孝が継ぎ、直継は安中と領地を交換しました。

また、このとき、井伊谷以来の家臣の多くが直継に、武田氏の遺臣などは直孝に配されたという傾向もありました。たとえば、小野玄蕃と松下源太郎の子孫は与板井伊家に仕えました。

この藩主交代については、直継が正室であった鳥居忠政（伏見城で戦死した元忠の子）の娘にDVを振るったという説もあります。家康養女である花の子の直継を廃して妾腹の子を跡継ぎにしたというのも思いきった措置ですから、そのくらいのことはあっても不思議ではありません。

直継はこのとき直勝と名を改め、安中に移り、西尾、掛川と移り寛文2（1662）年に遠江で死にました。73歳でした。その子孫は、越後与板（現・長岡市）に移り幕末まで続きます。

井伊直孝は、大坂夏の陣では、直孝軍が木村重成を討ち取り、淀君・秀頼母子の最終処分も担当しました。豊臣の母子を殺すということをドライにできるのは、第二世代の直孝が向いていたのです。

この戦功で直孝は、戦場での実戦で手柄を上げた武将として、最後の世代を代表する存在となりました。そして、もう少し若い御三家初代も抑えられる存在として重宝されました。制度として大老というものが確立したのは後のことなので初代と呼ぶべきかは難しく、それは解釈の問題ですが、足利幕府の基礎を築いた細川頼之に匹敵する存在とまで言われました。

徳川秀忠の筆頭家老格だったのは、重厚で気配りがよくできる酒井忠世でした。そして、この温厚な忠世の陰で辣腕をふるったのが、土井利勝です。土井は、徳川安定政権の支障となることはなんであれ徹底的に排除しました。

とくに、個人の才覚に頼らずにすむ安定したシステムとして幕府が動くような体制を作り上げようとしました。容赦ない大名取りつぶしや参勤交代制度の確立も、彼に拠るところが大きいのです。土井は将軍自身といえどもわがままを言わすべきではない、と割り切っていたほどです。

ですが、やがて秀忠遺臣から、酒井忠勝や松平信綱（伊豆守）らの家光側近グループの時代になりました。信綱は躁鬱気味でいい加減な家光の意向に、面子をつぶさずに適当に付き合ったという意味で、家光にとってなくてはならない存在で、綱吉以降に顕著になる側用人政治の先駆的な存在です。

これだけでは軽すぎるので、門閥大名のなかから家光サイドに立って助ける後見人が常に必要でした。それが井伊直孝です。

寛永12（1635）年、江戸城大広間で対馬藩の国書偽造事件を家光が親裁したときの座席配置図では、左側には、尾張義直、紀伊頼宣、水戸頼房、伊達政宗、前田利常、松平（越前）忠昌、毛利秀就、毛利秀元、細川忠利、鍋島勝茂が並び、右には、井伊直孝、松平忠明、土井利勝、板倉重宗、井伊直滋、松平（久松）定行、本多忠義、小笠原忠昌の順で着席しています。この時代の、大名の序列が明確になって興味深いのですが、井伊直孝の地位が、まさに「管領」であったことを如実に示しています。

伊達政宗から100万石を約した家康の書き付けを取り上げて燃やしてしまい、「伊達の家のためにはあってはならないもの（野心を持ち続けることは危険だということ）」と言い放ったとか、鄭成功《ていせいこう》の救援要請を受けて大陸出兵を主張する紀伊頼宣に「太閤の愚行を忘れたか」と怒鳴りつけたといった、有名な逸話もそれを示しています。

嫡男で家光の寵愛を受けた直滋を追放したのも謎ですが、残酷さや冷徹さを示す数々の逸話は他にもあります。自身にも厳しく、質素倹約を徹底し、病気になったときも暖を取ることを拒否し、医者に「戦場では湿った土の上でも寝る。体を温めるようでは徳川の先手は務められないし、そんなようになればお役目は代わらねばならない」と言ったといいます。

唯一の心温まる逸話は、ひこにゃんの由来になった招き猫とのエピソードですが、それは、のちに紹介しましょう。

第７章　血脈を守り通した歴代藩主

家光お気に入りの貴公子が謎の廃嫡

彦根の南東には、鈴鹿山脈の麓をなす丘陵地帯が拡がります。中世においては、このあたりに比叡山延暦寺の荘園も多かったのですが、その名残で、湖東三山と呼ばれる天台宗の名刹が大伽藍を並べています。

このうち百済寺《ひゃくさいじ》は、直孝の嫡男だった直滋《なおしげ》が廃嫡され隠遁したところですが、この事件の謎はとけていません。表向きは病気ということになっていますが、それが事実かどうかも分かりません。

たしかなことは、直滋が暗愚《あんぐ》だったわけではないということです。直滋は江戸で育ち、秀忠や家光に信頼され、幕閣の重要会議にも出て、官位も従四位下侍従という主要大名なみのものでした。彦根に帰国して父の代理で藩政を仕切りもしました。正室は直継（直勝）の娘です。

ですが、派手で遠慮がない性格だったようです。家光から50万石（100万石ともいう）をやりたいと言われたらしいですが、先に紹介した伊達政宗が家康からもらった100万石のお墨付きを取り上げ破棄したという逸話にもあるように、父の直孝は誰であれ突出すれば本人にとっても天下にとっても危険だという思想の持ち主です。

そういう直孝にとって直滋の増長ぶりは危険だと映ったのでしょう。父の本多正信が1万石以上に加増されることを頑なに拒否していたのに、息子の正純が欲を出して宇都宮15万石に栄進したあげく失脚したのを見ていた直孝にとっては、この上なく危険な息子に見えたのも、無理はないと思えるのです。

あるいは、直孝が火事の類焼を心配して家臣たちを屋根に上らせたら、直滋が人命を粗末に扱うべきでないとして降ろしたとか、直孝の気持ちを逆なですることもしばしばだったといわれます。

直滋は夫人が死去したときにも東叡山に籠もるなどしましたが、直孝の死の前年に湖東の百済寺に隠棲してしまいました。厭世観もあったのでしょうが、それだけではあるまいと噂されました。

直孝は嗣子となった直澄に、直滋が手当の増額を要求しても受けてはならないとか、天下にことがあったときも直滋に軍勢を率いて出陣などさせるな、などと事細かな遺言を残しました。

小林正樹監督の名画「切腹」と彦根藩江戸屋敷

謎の廃嫡で隠遁した直滋の代わりに、直孝の4男である直縄が世子とされましたが、すぐに死去したために、5男の直澄が直孝を継ぐことになりました。直澄は寛文8（1668）年に大老に就任し、在職のまま延宝4（1676）年死去しました（大老になっていないという説もあります）。

直澄は父の直孝から、その次は直縄の子である直興に継がせるようにと指示され、正室も持たないでよいといわれました。物怖じしない人柄だったらしいですが、それを示すエピソードがあります。このころ江戸では、浪人が大名屋敷の門前で「庭先で切腹させてもらいたい」と脅し、屋敷を穢されるのを嫌がって金を包むことを期待する事件が続発していました。

井伊家の門前にもやってきましたが、直澄は「したいと言うのなら切腹させれば良いではないか」といって本当に切腹させてしまいました。小林正樹監督、仲代達矢主演の名画「切腹」の下敷きとなった事件ですが、これで、同種の事件は根絶されたといいます。

現在の米原駅の近くに、名園で知られる青岸寺を再興、また、琵琶湖の多景島に父である直孝を供養する8メートルの石造七重層塔を建てました。

藩主も大老も2度務めた中興の祖

長寿公と呼ばれるように、当時としては長く生き、藩主として再登板までしたのが井伊直興です。最初に藩主となったのは4代将軍家綱の最末期のことで、死去したのは8代将軍吉宗が登場した翌年のことですから、途中、一度は引退したとはいえ、だいたい2世代に当たる長さです。

綱吉が5代将軍に任じられた返礼の使者を務めたのを皮切りに、幕府の重要な儀典関係の仕事で活躍しました。日光東照宮の大規模修復の総奉行を務め、たびたび日光の現地へ赴いて陣頭指揮をとりました。

家光が建てた建物は、湿気が多い日光の気候のために傷みがひどく、いっそ建替えようかという話もありましたが、大規模修復になりました。このときの経験を生かして元禄8（1695）年には、全領民（27万人）から1文ずつ奉加金を集めて彦根城の鬼門に大洞弁財天を建立しました。

また、彦根城に槻《けやき》御殿という下屋敷を建設しましたが、これが楽々園、玄宮園として今日まで引き継がれています。「楽々園」は山を楽しみ水を楽しむという意味であり、唐の玄宗皇帝の離宮にちなんで名づけられたのが「玄宮園」です。また、領内の琵琶湖に面した松原港・長曾根港を改築するなどしました。

なかなか柔軟性がある殿様で、藩士が集団で待遇を改善する要求を突きつけたときには、直孝の定めた原則に従って全員を追放しましたが、のちに厳しすぎたと反省し、20年後になって関係者の帰参を認めています。

あるいは、将軍綱吉の能楽好きに合わせて貞享3（1686）年に55人の能役者を一斉に召し抱えましたが、隠居の時に1人を除いて全員解雇したといいます。元禄4（1691）年には、藩士に各家の由緒書の編纂を始めさせています。それは「侍中由緒帳」という75冊の文書として、残っています。

元禄10（1697）年には大老となりましたが、8男の直通に家督を譲って隠居しました。ですが、直通が宝永7（1710）年7月に22歳で早世しましたので、10男の直恒に跡を継がせました。

直興の子供たちは35人もいたといわれますがいずれも体が弱く、江戸生まれの8男（第19子）の直通が藩主となったのでした。お国入りして彦根城に入った時に「先祖の武功によりこの城を賜って、数万の民に領主と仰がれている幸せを思えば、知らずに涙があふれて止まらない」といったと伝えられています。質素倹約を好み、優しさに満ちた聡明な人物であったといいますが、宝永7（1710）年に

図M　直政以降の井伊家系図

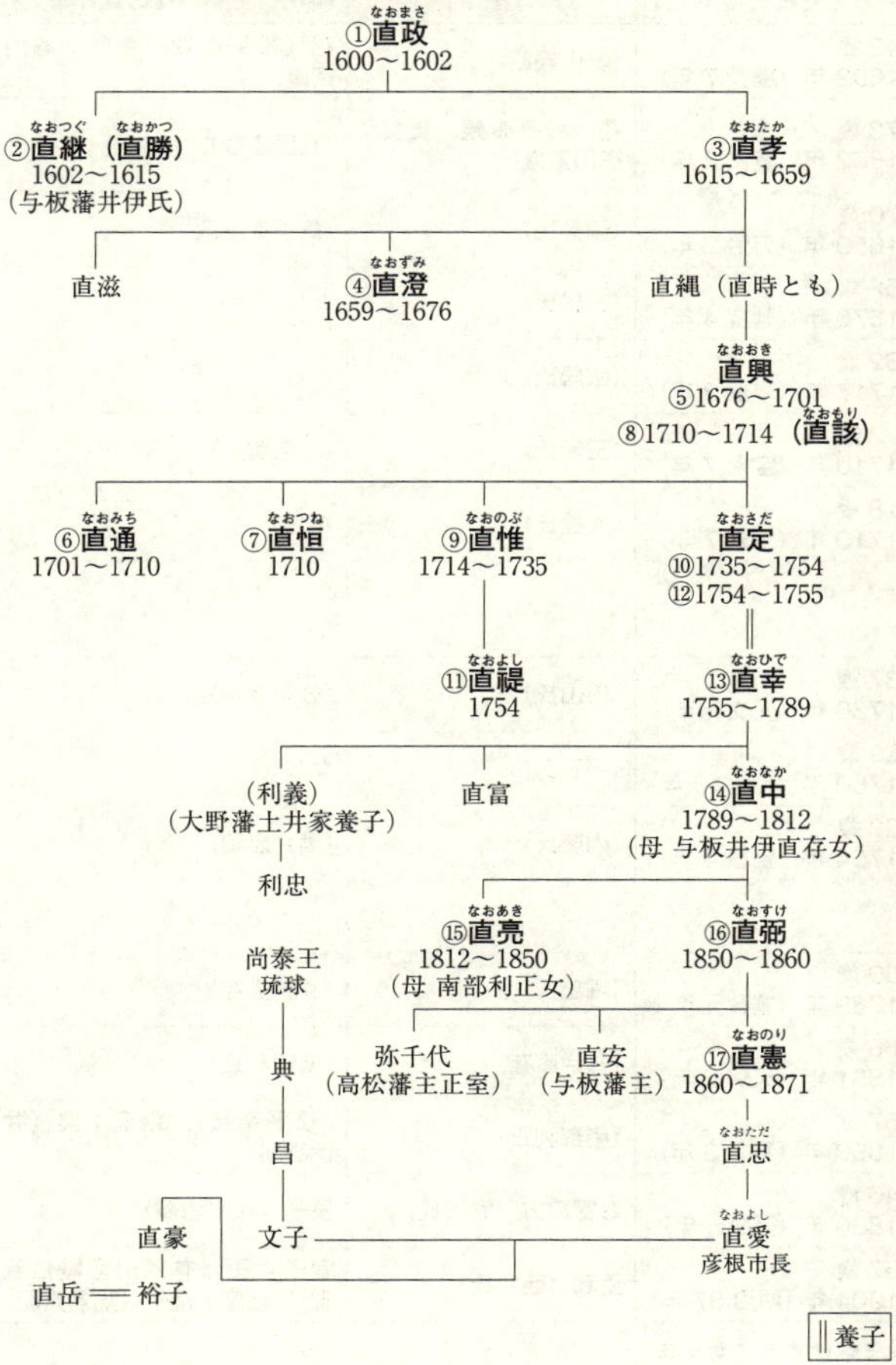

死んだ年	母（その父）	正室（その父）
42歳 1602年（慶長7年）	（奥山親朝）	花（松平康親、養父：徳川家康）
73歳 1662年（寛文2年）	花（松平康親、養父：徳川家康）	（鳥居忠政）
70歳 1659年（万治2年）	（印具氏）	（蜂須賀家政）
52歳 1676年（延宝4年）	（石居氏）	なし
62歳 1717年（享保2年）	（桜居氏）	なし
22歳 1710年（宝永7年）	（玉米氏）	（三条実治）
18歳 1710年（宝永7年）	（大橋氏）	なし
37歳 1736年（元文元年）	（田山氏）	（蜂須賀綱矩）
59歳 1760年（宝暦10年）	（平石氏）	なし
28歳 1754年（宝暦4年）	（内藤氏）	（酒井忠恭）
59歳 1789年（寛政元年）	（堀部氏）	（井伊直存）
66歳 1831年（天保2年）	（井伊直存）	（南部利正）
57歳 1850年（嘉永3年）	（南部利正）	（松平頼起）、継室：粲（井伊直朗）
46歳 1860年（万延元年）	お富の方（君田氏）	昌子（松平信豪）
57歳 1904年（明治37年）	里和（西村氏）	宜子女王（有栖川宮幟仁親王）、継室：常子（鍋島直紀）

※年齢はすべて数え年

図N　彦根（井伊家）歴代藩主

名前	生まれ年	在職期間	官位・官職
初代　直政《なおまさ》	1561年（永禄4年）	1600（慶長5年）-1602（慶長7年）40歳〜42歳	従四位下、侍従
第2代　直継《なおつぐ》（直勝）	1590年（天正18年）	1602（慶長7年）-1615（慶長20年）13歳〜26歳	従四位下・兵部少輔
第3代　直孝《なおたか》	1590年（天正18年）	1615（慶長20年）-1659（万治2年）26歳〜70歳	正四位上・掃部頭、中将
第4代　直澄《なおずみ》	1625年（寛永2年）	1659（万治2年）-1676（延宝4年）35歳〜52歳	従四位下・掃部頭、少将　大老
第5代　直興《なおおき》	1656年（明暦2年）	1676（延宝4年）-1701（元禄14年）21歳〜46歳	正四位上・掃部頭、中将　大老
第6代　直通《なおみち》	1689年（元禄2年）	1701（元禄14年）-1710（宝永7年）13歳〜22歳	従四位下・掃部頭、少将
第7代　直恒《なおつね》	1693年（元禄6年）	1710（宝永7年）18歳	従四位下・掃部頭、侍従
第8代　直治《なおはる》 のち 直該《なおもり》	5代・直興が再任	1710（宝永7年）-1714（正徳4年）55歳〜59歳	
第9代　直惟《なおのぶ》	1700年（元禄13年）	1714（正徳4年）-1735（享保20年）15歳〜36歳	従四位下・掃部頭、中将
第10代　直定《なおさだ》	1702年（元禄15年）	1735（享保20年）-1754（宝暦4年）34歳〜53歳	従四位下・掃部頭、中将
第11代　直禔《なおよし》	1727年（享保12年）	1754（宝暦4年）28歳	従四位下・掃部頭、侍従
第12代　直定《なおさだ》	10代・直定が再任	1754（宝暦4年）-1755（宝暦5年）53歳〜54歳	
第13代　直幸《なおひで》	1731年（享保16年）	1755（宝暦5年）-1789（寛政元年）25歳〜59歳	正四位上・掃部頭、中将、大老
第14代　直中《なおなか》	1766年（明和3年）	1789（寛政元年）-1812（文化9年）24歳〜47歳	正四位下・掃部頭、中将
第15代　直亮《なおあき》	1794年（寛政6年）	1812（文化9年）-1850（嘉永3年）19歳〜57歳	正四位上・掃部頭、左近衛権中将
第16代　直弼《なおすけ》	1815年（文化12年）	1850（嘉永3年）-1860（万延元年）36歳〜46歳	正四位上・掃部頭、中将、大老
第17代　直憲《なおのり》	1848年（嘉永元年）	1860（万延元年）-1871（明治4年）13歳〜24歳	従四位上・掃部頭、中将

彦根藩主としては直憲が17代目であるが、2人が再任されているのと、直継は井伊家歴代当主に数えないので、彦根市では彦根井伊家14代としている。

11 代　直禔（1754）
直禔はわずか２ヵ月で死去し、直定が再登板（54）
12 代　直定（1754 ～ 1755）
直定は１年で再び隠居し直幸に継承（55）
13 代　直幸（1755 ～ 1789）
目安箱を置く（58）直定が死去（60）積銀御免一揆が起きる（61）直幸が大老に。藩政を世子の直富が行う（84）直富が死去。直幸が大老を辞職（87）
14 代　直中（1789 ～ 1812）
国産方を設置。稽古館設立（99）北方警備に備えて小手分組 1000 名を組織。直中が隠居する（1812）
15 代　直亮（1812 ～ 1850）
稽古館を弘道館とする（30）直中が死去（31）直亮が大老に（35）大老として高島秋帆に幕臣の砲術指導をさせる。大老を辞する（41）不満ながら相模湾警備を命じられる（47）
16 代　直弼（1850 ～ 1860）
ペリー来航に際して意見書で開国を主張する（53）相模湾等警備を解かれ京都守護の先鋒に戻る（54）直弼が大老に。日米修好通商条約に調印。紀州の慶福を将軍後継に。安政の大獄始まる（58）安政の大獄が拡大する（59）桜田門外の変（60）
17 代　直憲（1860 ～ 1871）
10 万石の減封。長野主膳、宇津木六之丞など直弼側近が処分される。直憲も差控。桜田門外の変の生き残りを厳罰に（62）直憲が差控を許され江戸湾、大坂湾の警備、天誅組鎮圧に出動（63）禁門の変、天狗党の鎮圧に出動（64）征長のために大坂に出兵（65）第二次征長に出兵し戦うが思わしくなし（66）大政奉還、王政復古、朝旨遵奉を決める(67)鳥羽･伏見の戦いに官軍として大津警備に当たる。桑名攻撃、近藤勇の捕縛、会津攻めに参加。彦根に凱旋（68）廃藩置県（71）
廃藩置県以降
直憲が英米に留学(71)滋賀県成立(72)彦根城天守閣が国宝に(1952)井伊直愛が彦根市長に（53-89）彦根城博物館開設（87）

※名前に添えてある数字は、当主としての在職期間。

図O　彦根藩年表

初代　直政（1600～1602）
関ヶ原の戦いで東軍が勝利し佐和山落城。石田三成が刑死し、井伊直政が佐和山城主に（1600）直政が戦傷悪化で死去（02）
2代　直継（1602～1615）
金亀山に築城始まる（04）大津城より移築の天守完成（06）大坂冬の陣に直継に代わり直孝が藩兵を率いて参陣（14）直継を安中3万石とし直孝を彦根藩主に（15）
3代　直孝（1615～1659）
大坂夏の陣に参戦し大功を挙げ5万石加増（15）天領からの預かり米で実質5万石の加増。彦根城2期工事（16）5万石加増で25万石に（17）2期工事が終わる（22）直孝が執権を仰せつかる（30）秀忠の遺言で将軍後見に（32）佐野と世田谷を含む5万石加増で30万石に（33）直滋が彦根で藩政を仕切る（36）家綱元服式の加冠役（45）鄭成功の救援要請を断る（46）藩による内検地を行う（53）直滋が百済寺に入って出家する（58）
4代　直澄（1659～1676）
直滋死去（61）直澄が大老に（68）
5代　直興（1676～1701）
幕府による検地。槻御殿着工（77）意見書を出した76士を追放（78）日光東照宮修復の総奉行をつとめる（88-90）「貞享異譜」についで「侍中由緒帳」の編纂開始（91）大洞弁財天完成（95）直興が大老となる。76士の帰参を認める（97）直興病気のために大老を辞し隠居（1701）
6代　直通（1701～1710）
初入部の際に幸運に涙す
7代　直恒（1710）
50日の在職後に死去（10）
8代　直該（1710～1714）
隠居していた直興が復帰。名は直治、直該などと変える（10）大老にも復帰（11）
9代　直惟（1714～1735）
百姓代官を士代官に置き換える（16）直興が死去（17）米札を初めて発行（30）直惟隠居（35）
10代　直定（1735～1754）
直惟が死去（36）正貨の流通を禁止し米札のみとする（42）直定が隠居する（54）

22歳で死去しました。

弟の直恒が跡を継ぎました。直恒も江戸生まれです。宝永7（1710）年に家督を継ぎましたが間もなく倒れ、18歳で死去し、わずか50日弱の在職でした。

そこで、すでに出家していた直興が還俗して直該《なおもり》と改めて復帰しました。大老に再任し、官位も正四位上中将まで進みました。しかし正徳4（1714）年に直惟《なおのぶ》が元服するとすぐに家督を譲って隠居しました。

このとき、末子の直定に1万石を分知し、彦根新田藩を創設しました。直興が死んだのは享保2（1717）年のことで、62歳でした。墓所は、彦根で死んだ殿様は清涼寺（曹洞宗、彦根市）、江戸で死ねば豪徳寺（曹洞宗、東京都世田谷区）と決まっていましたが、直興（直該）の墓所は例外的に永源寺（臨済宗、東近江市）にあります。ただし、井伊家の本来の菩提寺は井伊谷の臨済宗龍潭寺で、同名の寺が彦根にもあります。

ストイックでまじめな殿様たち

井伊家の殿様たちは、ご意見番ともいえる存在だった直孝は別にして、代々の将軍の気風を素直に受けいれていこうという殿様が多かったようです。

８代将軍吉宗は元禄時代に華美に流れた風を嫌い、質実剛健を追求した将軍でした。そこで、井伊家でもそうした時代の風潮にふさわしいストイックな姿勢を示しました。

井伊直惟《なおのぶ》は質素倹約を標榜し、鷹狩りを好んでしました。また、絵画や詩文を残し、寺社への寄進も積極的に行いました。永源寺の能舞台はその一例です。吉宗の世子である家重の加冠の役も務めましたが、享保20（１７３５）年に病気療養を理由に家督を弟の井伊直定に譲り、翌年に彦根で37歳で死去しました。

直定は直興の末子で、正徳４（１７１４）年に1万石を分知されました。いわゆる彦根新田藩です。普通、大名の石高は江戸時代のはじめに決めたものを表高として、実収が増えてもそのままが普通でした。増やすと幕府から命じられる負担も増えるからです。例外は極端に実収が増えたときと、格式を上げたいときです。寒冷地の開発が進んで実収が数倍になった津軽氏の弘前藩が5万石を10万石に上げ、対抗心を燃やした南部氏の盛岡藩が10万石を20万石にしたことがあります。

しかし、大名家にはお家断絶の危険があります。たとえば、不祥事を起こしたときとか継がせるべき子供がないときです。そこで、分家をつくって、独立の大名にして宗藩が断絶になっても名跡だけは守るとか、継ぐべき血筋の子がないときに養子として迎えるのに使いました。

そのとき、領地を分与するのではなく、表高と実収の差を利用した「新田」分を充て、江戸に定府させたり、国元の留守居役にしたりしました。これを明治になってから新田藩と呼ぶようになったのです。

しかし、直定は享保19（1734）年直惟の養子となり、1万石を彦根藩に還付し、享保20（1735）年に直惟の隠居により彦根藩を継ぎました。

身体も大きく、自意識が強い人物でした。質素倹約を旨とし、ストイックな生き方を好みました。月に2度しか魚を食べないとか、江戸城中でも握り飯の粗末な弁当を持参し、贅沢を好む大名にはあえてそれを諌めるような行動も躊躇しませんでした。

11代目の直禔《なおよし》は、9代目の直惟の次男です。宝暦4（1754）年、叔父の直定の隠居により家督を相続しました。

家督を継いだおりに江戸から家中へ施政の方針を文書で伝えました。そのなかで「倹約に励み、武芸、家芸を守り立てることなどを求め、さらに、何か問題があったら、私のところか側役まで恐縮せずに相談してほしい。私は皆の意見を聞くことを厭わない。私は政治について明るいというわけではなく、間違いもあろうから、きちんと意見を言ってほしい。そこから考えていきたいのだ」とおふれを出しました。

ですが、重い役目が圧迫になったのか病に倒れ、身体を動かすこともままならなくなってしまいました。そこで、館林藩主の松平武元《たけちか》を養子にしたいと言いました。館林藩は6代将軍家宣の弟を祖とし、武元自身は水戸家の血を引いていたので、井伊家を継がせるには申し分ない血筋と考えたのでしょう。

しかし、幕府は直政の血筋を維持することを求めて養子を認めず、先代直定の再任が命じられ、そののち、直禔はすぐに死去しました。

再登板した直定は宝暦5（1755）年、兄直惟の子直幸《なおひで》を養子として隠居し、宝暦10（1760）年死去しました。享年59でした。

その直定は宇和島藩主の弟、伊織を養子に迎えて跡を継がせようとしました。伊織の母は仙台藩主伊達吉村の娘であり、これも、申し分ない名門の出でした。幕府に願い出ましたが、直政以来の血筋を変えることになると許されませんでした。この伊織は、のちに摂津麻田藩の養子となり、青木一貫《かずつら》と称します。

田沼意次の時代に大老を務める

時の最高実力者である田沼意次のもとに彦根の井伊直幸から大きな箱が運び込まれ、「京人形」と書いてあります。開けてみたら美女が入っていた、などという伝説があります。田沼についてのこのたぐいの話はほとんどは信用できませんが、直幸が田沼の協力者だったことはたしかです。

宝暦５（１７５５）年、直定の再隠居で藩主となりました。すでに25歳でしたから、意欲満々での就任でした。ただし、その関心は領民より官位などに向けられていました。

宝暦９（１７５９）年に将軍家重の右大臣昇任に際して会津の松平容頌《かたのぶ》とともに使者として京都へ赴き、その後、松平容頌をライバルとして官位を争います。こうした朝廷への使いは名誉ではありますが、たいへんな出費を要したようです。

直幸は宝暦13（１７６３）年には将軍世子家基の山王社への宮参りのとき藩邸でもてなし、従四位上に昇進、明和３（１７６６）年の徳川家基の元服の加冠役で左中将、安永７（１７７８）年には正四位上となりました。そして、天明４（１７８４）年には、久々の大老にもなりました。

田沼との関係は良かったのですが、その政策や考え方は保守的で、農業を重視し、「仁憐」を旨として民の生活に配慮するものでした。

天明の飢饉にあっても、救助に努めたので、彦根藩は、領内各所に施粥場を設け一人も餓死者を出しませんでした。ですがその一方で、藩の経済や軍事力を強化するような積極策に取り組んだわけではありません。

大老在任中などは嫡子の直富が藩政にあたり、父の意を体して、城下の大火の時には気前よく罹災者に金を配ったりしたといいます。英明といわれましたが、25歳で若死にして藩主にはなりませんでした。彦根で病となって京都より名医を呼んで診察を受けましたが、その調合した薬を火中に投じたといいます。

直幸はそれまでの藩主と違い健康にも恵まれ、多くの子もいました。そのなかには、信濃松代の真田家や、越前大野の土井家を継いだ者もあり、後者の子が幕末の名君の一人として知られる土井利忠です。同じく孫の直弼も含めて、直幸の子孫は相当に優秀な人材を輩出しており、彼自身が英明であったことを窺わせます。

そして、この直幸の子が直中《なおなか》で、これが幕末に活躍する井伊大老の父です。天明7（1787）年に兄の直富が早世したため、世子となり、寛政元（1789）年に家督を継ぎ、寛政の改革が進められた時代にあって、その路線に倣い藩政改革を行いました。

倹約令を出す一方で、父の遺金と称して領民に金を配ったり、藩士からの借り上げを中止しました。また、町会所設置による防火制度の整備や殖産興業政策も行い、寛政11（1799）年にはのちに藩校弘道館《こうどうかん》となる稽古館を創設しました。

干拓事業や水路の開設も行い、井伊直政・直孝らを祀るために井伊神社を創設、佐和山に石田群霊碑を建立しました。五百羅漢の寺として有名な天寧寺は、腰元が不義の子を身ごもったと聞いて罰しましたが、後になって相手が自分の息子であったことを知って悲しみ、腰元とその子である自分の孫の菩提を弔うために建立しました。

弓術・馬術など武芸にも優れていました。特に砲術に秀でており、一貫流という流派を自ら興し、軍制の改革にも努めています。藩主を務めていた時代は、天明の飢饉が終わり、天候なども良い比較的に楽な時代だったので、穏和な政策も可能だったのでしょう。文化9（1812）年息子の直亮《なおあき》に藩主の座を譲って隠居し、天保2（1831）年に彦根において66歳で死去し、清涼寺に葬られました。

直亮の母は珍しいことに正室であった盛岡藩・南部利正の娘です。文化9（1812）年2月5日の父の隠居を受けて家督を継いで第15代藩主となりました。天保6（1835）年から大老となりましたが、天保12（1841）年には辞めました。この年に大御所家斉が死去し、将軍・徳川家慶や老中首座・水野忠邦によって旧家斉派は次々と退けられているので、その一環だったと見られます。

その後、洋書を買い入れたり蘭学者を登用したり開明的な政策をとりましたが、気むずかしくわがままで、「むつかしき殿様」といわれていたようです。養子の直元も心配して「遺言状」で早期の藩主交代を勧告したほどです。

また、世子とした直弼にも細々と干渉し困らせもしました。直亮が在国中で直弼が代理で出席する予定の行事に必要な衣装の新調を認めず、困って古い衣装を使おうとすると、井伊家の面目にかかわるからだめと言うので、仮病で欠席したなどという逸話はよく知られています。

幕府から相模国の海岸の警衛を命じられると、洋式軍隊を創設しようとしたり、国友一貫斎が反射望遠鏡などを製造したと聞くと非常に喜んだといいます（2016年に森美術館「宇宙と芸術展」に出品されて話題に）。直亮がわがままだったのはたしかですが、家中が保守的だったのも摩擦を大きくしたともいえ、一方的に悪口を言われるのも気の毒かもしれません。亡くなったのは、ペリー来航の3年前のことでした。

「溜間詰め」というのがどうして名誉なのか

井伊家のことを譜代筆頭という言い方をすることがあります。これは正式の職名ではないので、そうだとも違うともいえませんが、もともと、譜代大名は、松平・徳川家に仕えた時期で、安祥譜代、岡崎譜代、駿河譜代に分けられています。酒井、大久保、本多、阿部、石川、青山、植村などが安祥譜代です。

岡崎譜代には鳥居、榊原、安藤、水野、土井など西三河に加え、牧野、戸田、奥平といった東三河や井伊のような遠江組も含まれています。

当然、安祥譜代がもっとも重んじられるわけで、そのなかでも、酒井氏が松平家にとってもっとも古い家老格です。ただ、姫路藩と庄内藩と二つに分かれていますので井伊氏が筆頭のようなかたちになったのです。

次に、大名は江戸城に定期的に登城しましたが、それぞれ、大名同士が社交生活を行うサロンというべき伺候部屋が決められており、どの部屋に割り当てられるかは大名たちにとって大関心事でした。

大廊下は将軍家親族席で、上之部屋と下之部屋の二つに仕切られ、上之部屋には御三家が詰めました。下之部屋は、甲府、館林（3代将軍家光の子）、御三卿（8代将軍吉宗及び9代将軍家重の子）、上野吉井松平（3代将軍正室の弟に始まる鷹司松平)が、そのほか加賀前田家、越前松平家、それに11代将軍家斉の男子を養子に迎えた阿波蜂須賀家、津山松平家、明石松平家などです。あとは、島津家など主な外様は大広間、主な譜代は帝鑑間、外様でも小大名は柳間でした。

そんなかで溜間《たまりのま》というのは、有力譜代や格の高い親藩が入るところでした。幕政の枢機に関する相談に応じることが多く、現代の企業でいえば、相談役室、あるいは顧問室といった趣であり、彦根の井伊家が大老となることが多かったのも、ここの大名の代表としてといった趣だったからです。

ここに常にあったのは、御三家分家の高松藩、始祖が将軍の子だった会津藩、そして彦根藩だったのです。

次に、官位ではどうなっているかといえば、だいたい、御三家のうち尾張と紀伊、それに加賀の前田が従二位です。ついで水戸や一橋・田安・清水の御三卿が従三位。そして、従四位下に高松松平、井伊、島津、伊達あたりというようなことでした。

しかし、朝廷への使いなどをこなすと、ワンランク上がることがあって、井伊家でも何人かは正四位上になっています。

格下の家ばかりと縁組みしていた彦根藩の哲学

歴代の彦根藩主の閨閥はかなり地味です。有力者と結婚することで家格を上げようとか、立場を強化しようという気配はまるでありません。

2代目の直継以降をみると、図Nにありますが、正室として迎えたなかでは、6代目の直通が公家の三条実治（左大臣）の娘を迎えているのが少し異色ですが、それ以外は磐城平鳥居家、徳島蜂須賀家から2人、姫路酒井家、高松松平家、盛岡南部家、そして丹波亀山松平家ですから、いずれも同格ないし格下の家との縁組みです。

また、養子や正室として出した家も地味です。格下の大名、重臣、それに領内の大通寺や福田寺といった浄土真宗寺院が多くなっています。

井伊直弼の兄弟姉妹を見ると、養子に出したのが豊後岡中川家、三河挙母《ころも》内藤家、日向延岡内藤家、下総多胡松平家、新野家、横地家、正室として送り出したのが徳島蜂須賀家、肥前島原松平家、日向延岡内藤家、越後高田榊原家です。

ちなみに、江戸時代の大名の側室はほとんど下級武士の娘です。上級武士の娘だとその父親などが力を持つことになり、藩内の秩序が乱れるからです。藩主の母の実家もある程度は加増されましたが、たいしたことにはならないのが普通でした。

将軍家の場合でも4代将軍家継の母の実家である増山家や、5代将軍綱吉の本庄家は大名になりましたが、後期になると御家人から旗本に昇格する程度のことでした。

また、井伊家の女性といっても、正室は江戸屋敷にいたのですから彦根のことは知りません。

むしろ、井伊夫人として有名なのは、井伊直弼の曾孫で、長らく彦根市長を務めた直愛《なおよし》氏の夫人だった文子さんです。琉球王で侯爵だった尚家の王女さまです。

第8章 「小さな政府」でまずまずの善政

石高の複雑な変遷

関ヶ原の戦いのあと井伊直政がもらったのは18万石で、近江の犬上、愛知《えち》両郡が主体であり、そこに坂田郡の佐和山周辺や神崎郡の一部が加えられていました。これは、石田三成の所領が19万石余だったというからそれを引き継いだものと誤解されがちですが、そういうわけではなかったようです。

石田領は実質的には伊香《いか》、浅井《あざい》、坂田、犬上各郡のおよそ30万石で、それが、三成自身の19万石のほか、その父である正継、兄の正澄の領地、それに代官として支配した秀吉蔵入地に分かれていたようです。そこに愛知郡は入っていませんから、佐和山城を居城としたのは共通していますが、領地はあまり重なっていなかったのです。

その後の加増のプロセスを見ると、慶長20（1615）年に大坂の陣の功で5万石が追加されました。これは坂田、浅井、愛知、神崎郡に点在していましたが、長浜城が含まれていました。

長浜には関ヶ原の戦いのあと譜代の内藤信成・信正父子が封じられていました。子孫は、各地を転々としたのち越後村上に落ち着きました。雅子妃殿下の実家である小和田家は、村上藩士です。

ついで元和3（1617）年にはさらに5万石が足され、それは、坂田、蒲生を主体に、愛知、神崎が少しでした。さらに、寛永10（1633）年にまた5万石が加増され、それは、伊香郡や浅井郡など湖北が主体で、それに、武蔵の世田谷、下野の佐野が加えられました。また、近江国内で替え地があって、これで、なお飛び地は多かったものの、近江国の北東部全域の比較的まとまった領域が版図となったのです。

関東の領地は大老などを出し、江戸での生活が多くなることを考慮して、江戸屋敷賄いのために提供されたものでしょう。

また、城付米として幕府領からの収穫2万石を預かり、これを知行高に直すと5万石分に当たる収入が彦根藩にもたらされました。これを合わせて彦根35万石と称しているのです。

ですが、文久2（1862）年には、桜田門外の変の責任を取らされ、10万石が減封とされました。とくに、蒲生、神崎両郡はすべて収用されました。その後、慶応年間に一部が預かり地として井伊家に戻されたり、明治2（1869）年には戊辰戦争で官軍の一員として戦った功で、2万石が賞典として与えられたりしました。

この時期には、藩士の解雇や俸禄削減もあったようですが、混乱期なので詳細には曖昧なところがあります。ただ、明治になって爵位が決められるときに、この10万石の減封ののちの領地が基準になったので侯爵ではなく伯爵となった原因のひとつになりました。

藩士で最大勢力は武田武士

明治になってからは士族という言葉でひとくくりにされた階層も、江戸時代には細かく分かれた区分ごとに厳しい差別がありました。ただ、殿様が自分の家来だとの意識を持っていたのは、いわゆる上士に限られます。彦根ではこれを「侍中」と言いました。

その上士に当たる「士」は3階級に分類されました。「笹間詰」「小溜席」はだいたい1000石以上で中表御殿の笹の間に伺候したことから名付けられました。「武役席」は300〜1000石の約60家で用人、町奉行、筋奉行（領内を南北中の三つの筋に分けて統治していました）など、あえて現代でいえば部長クラスはここから出ました。「平士」は50〜300石の約480家で、勘定奉行など課長クラ

図P　彦根藩士の出身地と石高

（『新編物語藩史』などより作成）

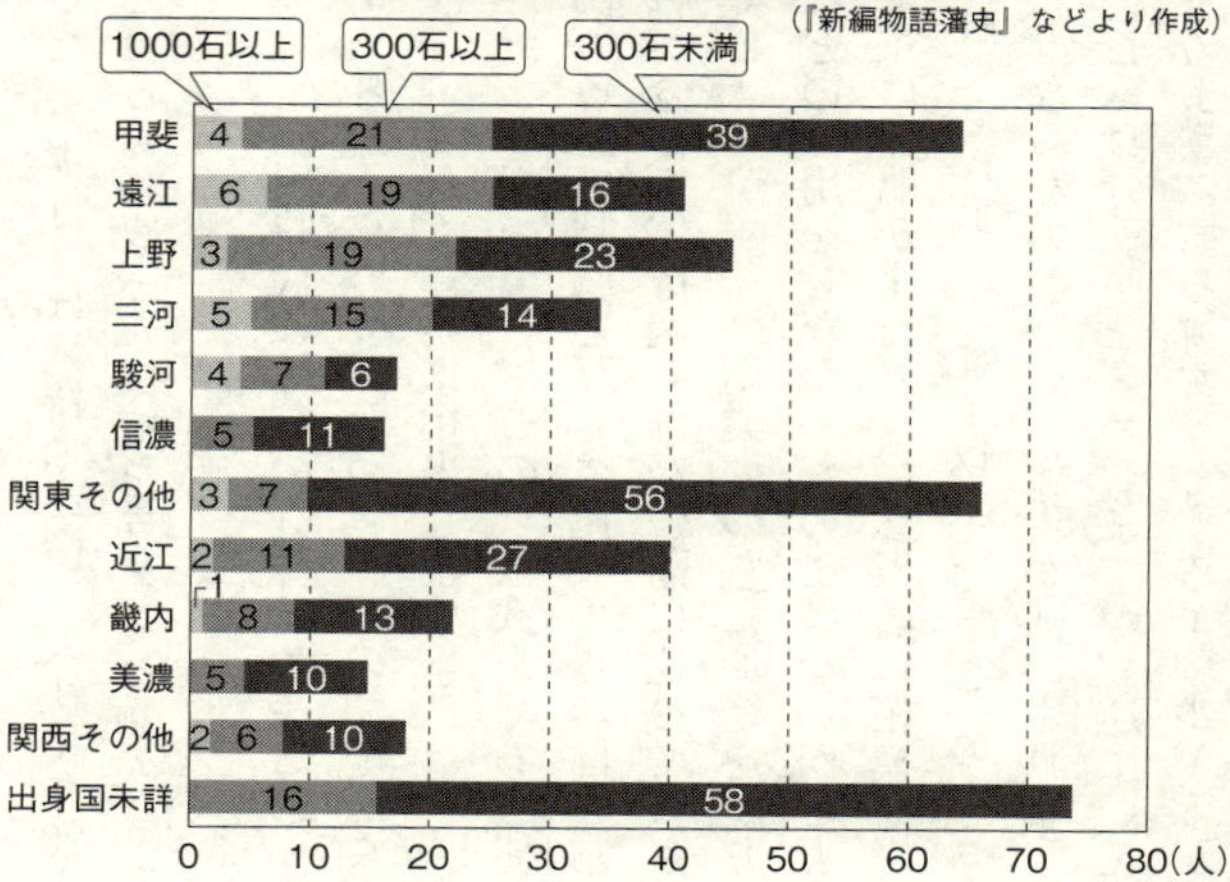

ス以下に当たる行政業務の中核を占めました。

このうち「笹間詰」と「武役席」の家で親などが現役中の子弟は「小姓・中小姓」、「平士」のそれは「騎馬徒士《かち》」として勤務することがあり、それぞれ御蔵米から扶持を与えられました。騎馬徒士というのは奇妙な名前で、そのことを井伊直孝は水戸光圀から指摘されました。直孝は苦笑して「幕府にも若年寄というのがあるではございませんか」と答えたそうです。

正規の武士にもかかわらず、騎馬を認められないものを徒士といいましたが、彦根では3種類に分けられました。「歩行《かち》」は扶持米26俵三人扶持で20人、伊賀歩行はいわゆる忍者で隠密などをつとめ40俵三人扶持を与えられ40人、「七十人歩行」は24俵三人扶持で70人でした。

なお、江戸時代の給与の計算はややこしいのですが、玄米の量で一人扶持＝5俵＝1・8石くらいで、かつ、一石の領地から上がる年貢は0・4石なので、一人扶持は4・5石くらいに相当します。

ただ、彦根の場合、この下級武士である徒士クラスが非常に少ないのです。江戸時代の各藩の制度を互いに比較するのは非常に難しいものなのですが、彦根では足軽層が分厚く、待遇もほかの藩に比べてよさそうなので、それで補完したのではないでしょうか。藩の創業ののちに加増を繰り返しましたが、それに見合うだけの徒士などの採用をしなかったのではないかとも思われるのです。

幕末に黒船が来たときに彦根藩は相模海岸の警備に出動しましたが、このとき、「足軽たちが武士（徒士以上のこと）のような服装や言葉遣いをするので取り締まらねばならない」という報告が藩にされました。

厳しい身分秩序を窺わせますが、逆にいえば、彦根藩の場合、足軽が恐れ多くも武士のように振る舞おうとするエネルギーがあったということです。これは、一般的な藩に比べて足軽の地位が高かったことの反映ということもできるでしょう。

土佐の郷士などもほかの藩に比べて虐げられていたという説明が多いですが、実際は逆で、他の藩より優遇され重要な役割を与えられていました。だからこそ上士に対する対抗勢力になったのであって、それと同じで、優遇されていたから武士のように振る舞うエネルギーが出たのであって、彦根藩で足軽が虐げられていた証拠などというのは見当外れです。

寛政7（1795）年に足軽は1120家で22俵三人扶持で60〜70坪という広い屋敷を与えられていました。ほかに右手代70人、御城中上がり番184名十一口御番人110名も足軽並みで、さらに、土木・建築、鍛冶、料理、馬の世話などさまざまな現場職員の職務があり、その総計は3662名に上っていました。

このほか土佐の場合と同じような郷士もいましたが、寛政時代にはわずかに4家でした。新田開発の功労で得た地位であるように見受けられます。

それでは、これらの藩士たちの出身地はどうなっているのでしょうか。元禄時代の「藩士族譜」によれば、1000石についてみると、遠州が中野、西郷、戸塚、今町、横地、椋原の各家です。

この本の前半で登場した井伊直虎の時代に井伊家を助けた家々です。

ついで、三河が木俣（2家）、犬塚、天野、小野田で、こちらは、主として家康から与力として付けられた家です。駿河は、今川旧臣で、庵原、三浦（2家）、西尾です。武田旧臣の甲斐が大勢力で、広瀬、脇、内藤、大久保、上野が長野、宇都木、岡本。近江は西山、青木。山城が石居、丹波が印具（井伊直孝実母の実家）、伊賀が沢村、日向が吉用、越後が増田（2家）となっています。

今度は序列から見ると、筆頭家老の木俣清左衛門家は、三河の出身で井伊直政、直継を支えた木俣守勝の子孫で、本来なら独立の大名となってもおかしくない存在だったといえます。二の丸北西に突き出た山崎丸に住居があり、江戸から参勤交代で帰ってきた藩主はまず木俣家に入る習慣でした。明治になって男爵になりました。

次席家老は5000石の庵原助右衛門家、駿河の名族です。『日本書紀』によると日本武尊東征の際の副将、吉備建彦が蝦夷征伐の功により駿河に封ぜられたということです。663年中大兄皇子の外征「白村江の戦い」に一族の廬原《いおはら》君臣が参加しています。後に菴原の字を用い、さらに庵原の字を用いました。

庵原一族は、駿河に広く分布しますが、上記とは違う系譜を称するものもいました。藤原秀郷の子孫である蒲生惟俊（蒲生氏郷の先祖）の子である庵原俊忠が駿河国庵原に住み、庵原氏を称したというのです。今川氏に仕え、庵原城主となり、今川義元に仕えた名軍師の太原雪斎を輩出しています。

最後まで忠誠を尽くした今川家の重臣・庵原将監も一族です。武田信玄の駿河侵攻に際して抵抗したものの敗退し、そののち、武田氏に仕えた庵原朝昌は、のちになって井伊家に仕えて大坂の陣で活躍し、彦根藩家老となりました。

三席は長野十郎左衛門家で4000石です。長野氏は上野の名門で、箕輪城を本拠として、山内上杉氏に仕え、業正は北条氏康、武田信玄、そして上杉謙信の争いでは上杉謙信につきました。その子のひとり業親の子という業実が井伊直政の家臣となって4000石を領したものといいます。なお、井伊直弼に仕えた長野主膳は業盛の子孫で伊勢に土着したと称しています。

なお、彦根藩では幕末に井伊谷時代の功臣の家が絶えていたのを、藩主の庶子などに再興させました。主なものは以下のようなところです。

・中野助太夫家（3500石、藩主一門）※井伊直氏の弟中野直房を祖とする家。

・松下源太郎家（2000石、藩主一門）※松下之綱の兄で井伊直政の継父松下清景を祖とする家。彦根藩家老／中野助太夫家・中野直之の次男、直政の筆頭家老・松下清景の養嗣子。

・貫名筑後家（2300石、井伊家庶流・藩主一門）※井伊良直の弟貫名政直を祖とする家。藩主・直中の子中顕の子。

・新野左馬助家（2000石、藩主一門）藩主・直中の10男。※井伊直政の恩人の新野親矩の名跡を再興する。

・河手主水家（4000石、藩主縁戚）※初代・良則の正室に藩主・直政の姉春光院を迎えた。彦根藩家老／新野左馬助家・新野親良の3男。

一方、近江などは、佐和山入部以降で他家の浪人などを雇い入れたという家臣団の形成過程が窺えます。近江出身者については、浅井や石田旧臣などは排除されました。

最上級に属する西山家は農民の子が藩士の奉公人になり、たまたま直孝に気に入られて近習として出世したものです。しかし多くは実務家として雇われた者で、そのために、彦根藩士全体のなかでの比率に比べて、上級武士には近江出身者は少ないのです。

士分の者について石高ごとの分布（図P）を見れば、300石以上では遠江、甲斐がもっとも多く上野、三河がそれに続き、50～300石では甲斐、近江、上野、遠江の順となります。明治4（1871）年の戸籍簿には初めて井伊家に出仕した時期が書いてありますが、大名の取りつぶしが盛んに行われた17世紀のなかごろである正保年間までに、だいたいの家臣団の編制が終わっています。

また、殿様の縁組みについてみると、非常に地味です。格上の親藩や外様の大大名との縁組みは非常に少なく、むしろそうした縁組みが自立性を損なうと考えていたとも見られます。関ヶ原の直後から一度も近江から動かなかったことも、異例中の異例です。

民間の創意を邪魔しないのが最大の功績

経済政策についてみると、全般的には良くも悪くも穏和なものだったといえます。産業振興にも取り組んでいますが、西南雄藩のように積極的なものではありませんでした。むしろ、民間の旺盛な活力を邪魔しないことにおいて、評価すべきものだったといえます。

農業については、近江ではすでに戦国時代までに開発が進み、水資源からみても米作りは限界に達していました。このために、新田開発は内湖の干拓などわずかに留まりました。

江戸時代の日本では新田開発をしても苛税のために農村人口が十分でなく、農民が移住や旅行をしたり、商工業に従事することを厳しく規制しました。ですが、彦根藩では耕作する農民の確保に苦労するわけでなく、むしろ余剰人口が生じていました。これが商工業にまわったわけです。彦根藩でもはじめはこうした商業活動を抑えていたようですが、やがて政策を転換し、近江商人などはそうした政策転換のなかで育っていきました。

いわゆる近江商人の故郷を見ると、日野は仁正寺藩など小領地が混在、近江八幡は幕府領だった時期が長く、高島の今津は加賀藩領でした。彦根藩領では豊郷から伊藤忠・丸紅が出たり、他藩との領地が混在していた五個荘から塚本・外村などが出ました。蝦夷地でも彼らは大活躍して、開発の担い手となりました。

特産品でもっとも成功を収めたのは長浜の浜縮緬《はまちりめん》です。江戸初期までは日本は中国から生糸を輸入していました。そのなかにはオランダ船を経由したものもありました。ですが、ヨーロッパへの輸出が増え、中国国内の消費も伸びたので品薄になりました。そこで国内での生産が図られ、湖北地方でも盛んになりました。

一方、絹織物工業は京都の西陣の独占状態にありましたが、宝暦２（１７５２）年頃に浅井郡難波村（現・長浜市）の中村早助《なかむらはやすけ》（林助《りんすけ》）と乾庄九郎《いぬいしょうくろう》が丹後から技術者を招いて縮緬の生産を始めたところ、京都でもよく売れました。

これに西陣の業者が反発し、京都奉行所は浜縮緬の京都での販売を禁止しました。そこで林助らは彦根藩に訴え、年貢として浜縮緬を藩当局に納め、それを御用商人を通じて京都に売ることにしました。幕閣の有力者である彦根藩のすることに手出しができないことを利用したのです。

このほかにも高宮布（麻）、伊吹のもぐさ、湖東焼などといった特産品も多くありました。しかし近江商人の活躍にしろ、こうした工業の発展も、彦根藩として積極的に保護育成したというよりは、邪魔をしなかった、あるいは、やや後追い的にフォローしたというべきでしょう。

それらは、西南雄藩と比べれば不十分なものでしたが、東日本や譜代の多くの藩に比べればましなものでした。ともかく、近江という先進地域で民間の活力が旺盛な地域性を踏まえれば、彦根藩の「小さな政府路線」はそれなりの成果を上げたのです。

ですが、それで済まなかったのは軍備強化です。井伊大老の兄である直亮のころ、坂田郡国友（幕府領）の一貫斎がオランダから輸入された反射望遠鏡や空気銃を見て、その模造品の製造に成功したことはすでに紹介しました。

その反射望遠鏡を直亮は大変喜び25両で購入したといいます。さらに軍備刷新にも興味を示したといいますが成功せず、直弼も国事に忙しく自藩の軍備のことなどには十分に取り組めませんでした。

その結果、江戸湾警備でもあまり上々の守備でなく、第二次長州征伐には越後高田の榊原家とともに先陣として出兵しましたが、火縄銃に赤備えの戦国時代のままでした。そのためにゴミ拾いのような格好でやってきたと評され、長州の近代的陸軍を前に喜劇の主人公になってしまいました。

余談ですが、彦根藩の名産に「近江牛」がありました。いつ頃から食用にしていたかは定かではありませんが、寛政4（1792）年には松平定信の所望に応じて2桶を贈ったとあるのが、公式の初見です。干し肉、味噌漬、粕漬、反本丸（肝の加工品）などで、薬用という名目でした。ですが、直弼は仏教への帰依を理由に贈答として使うことを止め、それを楽しみにしていた水戸斉昭の不興を買ったという逸話も有名です。

彦根の城下町と朝鮮通信使

領内の統治について見ると、雄藩らしく行政組織はしっかりしていました。いまでも滋賀県内では自治会の組織が非常に強いのです。小領主が乱立していたので地域自治が進んでいた伝統を受け継いでいるのですが、彦根藩領だったところでは相対的に自治会活動は不活発という印象があります。公式の行政組織がしっかりしていたことの反映です。

彦根の人口はもっとも多い時期で４万人ほどもあったとみられます。ただし、町人の数はそれほど多いものではありません。なにしろ中山道は彦根を避けて通っていて、南西の郊外に多賀大社の参拝客も泊まった高宮という中山道でも有数の宿場町があったからです。

一般に小さな城下町では旅行客を入れて城下を繁栄させたいとか監視もしたいという意向が強く、膳所《ぜぜ》、桑名、岡崎、浜松、加納などはそうした例です。ですが、大きな藩では、城下の秩序を守るために街道を城下町からバイパスさせる例もあったのです。

ただし、湖岸よりの脇街道である、いわゆる朝鮮人街道は彦根城下を通っています。朝鮮通信使が通ったことでそのように俗称されており、近江の人は曲がりくねった道を通して日本を大国と見せたのではないかなどと信じています。実際にはそういうことではなく、沿道に大寺院などがあって大事な賓客の宿泊に便利だとか、井伊家として城下で接待するためでした。

この朝鮮通信使は、秀吉の朝鮮遠征が終わったのちに、いずれもほとんど鎖国状態だった日本と朝鮮が、最低限のパイプを維持するために考案した仕組みです。

日本側から見れば朝鮮による一種の朝貢であり、朝鮮からすればそうともいいきれないという、難しい理屈は回避した呉越同舟の奇妙な関係です。「対等外交」と褒める人もいますがそれはおかしいです。歴史の政治的意図を持った解釈であって、外交史を正しく理解する妨げになります。対等外交というのは朝鮮側の言い分であって日本側の受け取り方ではありません。それをたとえば、日本の子供たちに教育したりするのは国益に反します。

日本は清と対等の関係を主張し、清も明治のはじめに日本との関係は欧米諸国との関係と同列のもので、朝鮮などとの関係とは異質であるという整理をしていますが、（といっても清はイギリスなどですら朝貢してきたという位置づけでしたが、いわゆる冊封《さくほう》関係とは根本的に異質です）。その清の従属国だった朝鮮と日本は同列であり得ません。

幕府とすれば、琉球や蝦夷のアイヌと同様に朝貢してくる国があるからこそ、国内での威信維持に役立つ存在として大事にしました。譜代筆頭としての彦根藩が接待に力こぶを入れたのは当然です。

また、２００年以上の鎖国期間中に一人の留学生も外国に送らなかった日本にとっては、中国とだけは太いパイプを持ち、かつ、朱子学とか詩作という限定された分野にせよ、科挙があるために日本の武士などよりはるかに高い教育水準を誇っていた朝鮮の官僚と交流することは、非常に意義の深いことであり、彦根藩士も熱心に教えを受けたといいます。

日本では能力と関係なく世襲で官僚の仕事をさせていたので、江戸時代の武士の知的水準はまったくひどいものにうつり、朝鮮の官僚をあきれさせていたのです。ただし、そうした知的水準の差を見せつけられることに業を煮やした松平定信が、「教えを請うて馬鹿にされるなどみっともない」として朝鮮通信使を対馬までしか来させないことにしたので、この変則的な外交には終止符が打たれました。

ただし、この関係の意義を全面的に否定しているのではありません。いわゆる五五年体制のもとで、社会党を仲介に北朝鮮と結んでいた関係は、外交関係がないなかで、ひとつの安全装置だったのと同じで、一定の意義があったのと同じことです。「ないよりまし」という世界です。

藩校弘道館のモデルは熊本時習館

彦根藩で藩校が設立されたのは、それほど早くありません。学問が盛んでなかったわけではありませんが、京都に近いことからわざわざ藩校を建てなくても学ぶ機会に不足しなかったこともあるかもしれません。

もともとは、山崎闇斎の学派が強かったのですが、18世紀に入ると藩士の沢村琴所《きんしょ》が松寺村に松雨亭という塾を開いたり、その弟子で家老庵原家家臣の野村公台が活躍しました。

藩校設立が具体化されたのは井伊直中が藩主だった寛政年間で、公台の弟子である田中正継らが推進しましたが、小塙重一は「庭の松は人目を悦ばすが役に立たず、山中の素木こそ棟梁に使える」といって反対しました。結局、推進派の意見が通り、覚勝寺の僧海量が各地に派遣されて視察し、熊本時習館《じしゅうかん》を参考にすることになりました。寛政11（1799）年に稽古館が開設され、天保元（1830）年に弘道館と改称されました。

直亮に認められて藩儒となったのが中川緑郎《なかがわろくろう》で、海外の事情にも明るく、ペリー来航のときに開国を勧める直弼の意見書を起草しました。直弼の側近として活躍した長野義言（主膳）は伊勢の生まれともいい、領内で和歌の塾を開いていましたが、埋木舎時代の直弼に認められ、藩主就任後には弘道館で国学を教えもしました。

このほか、文化人としては芭蕉の弟子である俳人・森川許六《もりかわきょりく》が知られています。

第９章　幕府に井伊大老の仕事を否定され新政府側に

「花の生涯」といわれる意味は

NHKの大河ドラマのはじまりは、東京オリンピックの前年、昭和38(1963)年に放映された「花の生涯」です。歌舞伎界の千両役者・尾上松緑が井伊直弼を演じ、人気映画スター佐田啓二が長野主膳としてテレビに初登場し、村山たか役の淡島千景は中年男性から圧倒的な支持を得ました。このドラマの圧倒的な好評が大河ドラマを国民的な娯楽教養番組として認知させることになったのです。

明治維新ののちというよりは、より正確には文久2(1862)年の政変で、安政の大獄で下野した一橋慶喜や松平春嶽が政権に就き、勅許を得ないで諸外国と通商修好条約を結び、安政の大獄で吉田松陰らを処罰した悪者政治家とされてきた井伊大老が、一転して開国の偉人といわれるようになったのもこのドラマのお陰です。

江州人である私にとっても、それは子供心にも誇らしいことでしたし、当時流行りだった「尊敬する人は」といったアンケートにほとんどの県人が「井伊大老」と答えたものです。

ところが近年では、直弼はもともと頑迷な保守派であり、優柔不断だったが、諸外国の圧力と幕閣の開明派官僚の強い意見にしぶしぶ従ったにすぎないといった類の説も唱えられています。

井伊大老の活躍した時間は歴史上の有名人のなかでも最短のものといってよいでしょう。彦根の埋木舎における部屋住み生活が31年、世子になって藩主になるまでが4年、藩主になってから桜田門外における悲劇的な死までは10年ですが、大老を務めたのはわずか2年足らずで、それ以前には溜間詰筆頭という実務には係わらない名誉職でしかなかったのです。その意味で、彼の生涯はまさに桜の花のようであり、それが「花の生涯」というタイトルになっているのです。

大名としての井伊直弼は、譜代筆頭でたびたび大老を出してきた彦根藩主であり、その個人的な能力が抜群だったから政権についたのではないのです。ですが、彼は32歳までは藩主になれることなど予想せずに生きていたのであり、それがゆえに自分で生活し行動する知恵と意思を持っていたということが大事でした。

直弼は、もともと、第14代藩主直中の第14男で、母親も江戸麹町隼町の商人伊勢屋（君田）十兵衛の娘でした。真実かどうか分かりませんが、君田氏は武田旧臣でその滅亡後は下野にあったといいます。

この時代には殿様の子でも跡継ぎ以外は他大名や家臣の家に養子に出ることが普

通で、藩主となるような立場ではありませんでした。ただ、祖父である直幸の方針で、庶子たちにも殿様としての帝王教育はするということになっていたのは幸いでした。

直弼も20歳のときに、弟の直恭とともに江戸屋敷から呼ばれ、養子のもらい口を探したのですが、弟の方は延岡内藤家を継ぐこととなったのに直弼にはお呼びがかかりませんでした。直弼は悄然と彦根へ帰り、「埋木舎《うもれぎや》」と名付けたお堀端の屋敷で静かな生活を送ることになりました。

彦根駅方面から城内への入り口になっている佐和口にいまでもこの寓居が残っています。それほど豪華ではありませんが、この住居も含めて生活ぶりは、だいたい1000石ぐらいの重臣と同等のものだったと見られます。よく似た立場だった山内容堂は、南邸家当主という徳川の御三卿類似の格式を与えられていたし、1500石だったからもう少し上ですが、直弼もそこそこ豊かな上級武士の生活をしていました。

この部屋住みというのは、普通にいけばそのまま朽ち果てるように一生を終えざるを得ないのですが、もし藩主に跡継ぎがいなければ殿様になれる権利を保持するということでもあります。

直弼の場合も、兄直亮の世子には、同じ兄の直元がなっていましたが、これにも男子はいなかったのですから、ある日突然にチャンスがめぐってきたわけではありません。

ある時期、直弼には長浜にある大通寺という寺の跡継ぎにならないか、という話がありました。伏見城の遺構を移したという東本願寺派の有力寺院で、法主の近親者が世襲していましたが、たまたま適当な継承者がいなかったので打診があったのです。なかなか魅力的なポストで直弼もまんざらでもなかったらしいのですが、彦根藩としては、直元に子がいないので、直弼を将来、世子にする可能性も否定できず、この申し出を受けることはしないように言った、というのです。

そんなわけですから、本人にとっても周囲にとっても、もしやと意識すべきものはあったのであり、夢も希望もない生活のようにいうのは間違っています。プロ野球でいえば、日頃はベンチだが、四番バッターが故障すれば先発で四番に入るスラッガーのような立場です。

そういう小さな可能性を密かに期待もしつつ、居合などの武芸や詩歌を学び、また、清涼寺の道鳴禅師や師虔禅師、仙英禅師について深く仏教に傾倒しながら、日々を過ごしていました。また、僅かとはいえ殿様になる可能性もある貴公子で学問好きとなれば、屋敷には先物買いの人も集まってきます。そのなかに国学者長野主膳がおり、のちに直弼の側近ナンバーワンとなります。部屋住みの身分だから正式に結婚することもできず、元遊女の村山たかを愛人にしてちょっとしたスキャンダルを起こしたのもこの頃です。

その直弼についに幸運が転がり込んできました。兄で世子の直元が江戸で死んで、直弼を世継ぎとするのですぐに江戸へ下るように、との命が江戸から来たのです。弘化3（1846）年、ペリー来航の7年前で、すでに全国各地に黒船が姿を現しはじめていた頃です。このとき、直弼はすでに32歳でした。

直弼が正式に藩主となるのはその4年のちのことですが、すでに直亮は病気がちであり、国元にあることも多かったので、直弼は兄に替わり譜代の有力大名が集まる江戸城溜之間での議論に参加することができました。この溜之間詰の大名たちについてはすでに詳しく論じましたが、このころ、田舎育ちで「彦根の鈍牛」などといわれた直弼の面倒を何かと見てくれたのが、会津藩主松平容敬《かたたか》や、水戸藩の分家で本家の斉昭に露骨な対抗心を燃やす高松藩主松平頼胤《よりたね》でした。これがのちにひとつの派閥につながり、安政の大獄や幕末に容敬の養子である容保が京都守護職になる伏線になります。

代表取締役会長の登場

ペリーがやってきて日米和親条約（１８５４年）を結んだときには、幕府は朝廷に報告はしたが勅許など求めていません。ところが、アメリカとの修好通商条約（１８５８年）については、反対論を封じ込めるために勅許を求めようとして老中首席の堀田正睦《まさよし》が京都に乗り込みました。

しかし、水戸斉昭らが先回りして京都で反対運動をしたこともあり、勅許を得ることができなかったのです。現代でいえば、住民投票が義務づけられていない案件なのに円滑にことを進めようと、念のために住民投票に付したら反対派が勝ってしまったようなものです。

江戸城で将軍家定に拝謁した堀田正睦は、不首尾について報告すると共に、「越前の松平春嶽を大老にして難局きり抜けを」と進言しました。ところが、暗愚とみられていた将軍家定は、明確な言葉で「家柄といい人物といい彦根を差し置き越前を大老にするなどもってのほかである。井伊掃部頭《かもんのかみ》を大老にせよ」と宣言しました。4月21日のことで、翌々日に直弼は大老に就任しました。

まさに将軍によるクーデターでした。斉昭や春嶽から馬鹿呼ばわりされていた家定が突然に自分の意志を押し出したのです。家定の資質については諸説ありますが、直弼の側役だった宇津木六之丞から長野主膳への書簡では、阿部正弘が将軍に不用意な発言をされないように政務についての情報すら上がらないようにしていたのであって、きちんと話をすると、政務についても人事についてもそれなりにしっかりした意見を言えると直弼が感想をもらしていたとしています。

いずれにせよ、将軍自身の命令である以上は誰も拒否できません。条約交渉にあたった秀才官僚の岩瀬忠震《いわせただなり》などは「あの稚輩に等しき男を」と憤激しましたがどうしようもないのです。ただ、大老などこれまでも飾りに過ぎなかったから、この決定が実質的な意味をそれほど持つとはなお受け止められていませんでした。担ぎ出しの張本人だった老中松平忠固《ただかた》（信濃上田藩主）などは、自分の意のままに動くロボットにできると踏んでいたらしいのです。

ところが、この直弼はたちまち独裁者として振る舞いだしました。何より毎日登城するし、老中の会議にも出席します。いってみれば、それまでの大老は代表権のない会長だったのが、代表権がある会長として振る舞ったのです。

彼はインテリであり、京の長野主膳をはじめとする独自の情報網ももっていましたから、冷静にことの成り行きを観察してすべてを歯がゆく感じていました。埋木舎で庶民的な生活をしていたから自分で動くことが苦でないのです。ただ、口下手で妥協を好まない性格です。さらに、肥満していて腹が出ているのでいつも反り返ったような姿勢だったことが、かえって尊大な印象を補強していました。

大老となった直弼が最初に片づけたのは、将軍後継問題です。一橋擁立派は年長で見識の高い慶喜をといいますが、血縁でなく年齢や能力を問題にすればたちまち将軍の世襲ということ自体についての正統性の根拠が薄れてしまいます。

清朝の皇帝は紫禁城の乾清宮に掲げられた額の後ろに後継者を記した勅諭を隠して、息子や兄弟のうちこれはと思う者の名前を後継者に指名したから賢帝が続いたのです。それと同じように将軍が自ら人物を判断して決めるというのなら筋が通りますが、臣下の者たちがルールもなくあれこれ議論してということになると、世襲制の原則そのものが論理破綻することになりますから、直弼の理屈は正しいのです。

現代の企業でも、オーナー一族のうち誰が後継者にふさわしいかを従業員に決めさせるわけにはいかないでしょう。

4月26日、将軍家定に直弼は紀伊慶福（家茂）を西の丸に迎えることを提案し了承されました。そして、5月1日には一橋派の松平春嶽を藩邸に呼びつけて、「亡き家慶公の思し召しは紀伊殿であったのでほかには考えられない。それに一橋殿には素行につき芳しくない噂もあり、何しろ実父の斉昭公が大奥で嫌われており和合できそうもない。紀伊殿に決まったら越前殿も行きがかりを棄てて忠誠を尽くして欲しい」と頭越しに宣言しました。

一橋派の川路聖謨《かわじとしあきら》は、「条約勅許を得るためにも朝廷の希望するように一橋慶喜を後継に」という意見を出しましたが、やや筋違いの意見を小者出身の彼が出したことで、井伊直弼は激怒し、川路は左遷されました。

結局、幕府は誰を後継にするかについての白紙委任状を朝廷から手に入れることに成功し、一方、日米修好通商条約には勅許なしで調印しました。7月4日に将軍家定は没し、慶福が家茂と改名して第14代将軍となりました。条約無断調印に対して、水戸斉昭、尾張慶勝、松平春嶽、一橋慶喜らが猛抗議しましたが、彼らは不時登城などの名目で謹慎させられました。幕閣でも堀田正睦らが更迭され、間部詮勝《まなべあきかつ》、太田資始という井伊直弼に近い大名が登用されました。

意外なところでは、佐賀の英主である鍋島直正は、ことのほか直弼と馬があいました。直弼のまわりには頑迷な保守派ばかりが集まったのではありません。江戸屋敷に直弼を招待し、直弼も次の参勤交代のときには、佐賀から船で江戸へ来てはどうかと提案したりしています。幕政における対立軸は、のちに公武合体派となる雄藩連合の話し合いで国政を運営していこうという意見と、強力なリーダーシップが必要だという考え方の間にあったのです。

京都では孝明天皇が違勅に激怒して譲位を口にされましたが、井伊大老は「承久の変の前例もある」と天皇を処罰する可能性まで口にしました。それでも辛うじて存在したこの両派のバランスが崩れたのは、7月16日、島津斉彬が急死したためです。斉彬に率いられた薩摩軍が上洛すれば幕府といえども安閑としてはいられないと誰もが考えていましたから、その可能性がなくなることの意味は大きく直弼は強気になりました。

朝廷からは「幕府は御三家を始めとする諸大名らと相談して国内治平、公武合体を図れ」といった密勅が幕府だけでなく水戸家などに出されました。内容はなんということはないですが、幕府の頭越しに、しかも、謹慎中の御三家も政治に参加させよということですから、それまでの朝幕関係を根本から否定する思い切ったものでした。

ただ、この密勅には九条関白の副署がありませんでした。この情報を手に入れて知らせてきたのは長野主膳ですが、井伊直弼はこれを盾に取り密勅が水戸藩の工作で出されたものであることを追及し水戸藩家老などを更迭させました。

水戸藩ではこれに反発する者が多く、腹を切って抗議する者も相次ぎ、江戸へ向かおうとする者がいまの千葉県松戸市北部にあって水戸街道の宿場町だった小金に集結するなど、騒然となりました。もはやクーデター前夜の混乱状態でした。

京都では幕府よりの九条関白が窮地に立っていました。関白が罷免されれば、幕府と朝廷の間は抜き差しならぬものになるとみた幕府はついに大粛清に踏み切りました。京都で暗躍していた元若狭国小浜藩士梅田雲浜《うめだうんぴん》を皮切りに青蓮院宮、公家から志士たちに至るまで200人ほどが検挙され、吉田松陰、橋本左内、頼三樹三郎ら8人が死罪となりました。

この大獄での犠牲者はそれほどの数ではありません。しかし、犠牲者は聖者になります。幕末維新の血なまぐさい騒乱がここに始まりました。

井伊大老は、開国路線を強引に進め、咸臨丸で条約批准書交換の訪米使節団を送り出しました。勝海舟や福沢諭吉もこれに参加しましたが、代表団の実質的なリーダーとして起用されたのが3000石の旗本である小栗忠順《おぐりただまさ》です。秀才で辣腕、そして生意気な男で、直弼の死後もその路線の後継者として、勝海舟のライバルとなる人物です。

ときあたかも、米国では南北戦争が迫り、ヨーロッパではナポレオン三世の第二帝政が全盛を迎えてパリの街をきらびやかに飾り立て、イタリアも統一は目前、プロイセンはドイツ統一への準備を着々と進めていました。万延元（1860）年は、リンカーンが大統領に当選した年であり、パリ・オペラ座の設計案が決まり、ガリバルディがナポリ・シチリアを征服した年ですし、ビスマルクの宰相就任は2年後です。

我が国でも、幕府をそのまま近代国家の中核として模様替えする直弼の闘いが始まっていました。

ところで、この直弼の幕府再強化策には成算があったのでしょうか。幕末の国難に対処するには、かなり強力な中央集権体制にすることが必要でした。そのことを中国古代史にだけは強い幕末の人たちは、封建制から郡県制へという言葉で理解しました。つまり藩の廃止です。

そこまで行かなくとも、ドイツの統一にあたっては、長い時間をかけて群小領邦を大括りに統合して連邦国家の構成国として育てていったのであり、もし、幕府がプロイセンになるなら、それが前提でした。

たとえば、彦根藩の場合でいえば、近江各地に点在している領地を再編し、関東に持っている飛び地を放棄し、近江北部にまとめることになるし、山上藩や宮川藩といった彦根領に周りを囲まれた群小大名は整理することが必要でした。

そして、大名の軍事力はアメリカの州兵のような治安維持だけを担うものにし、幕府直轄軍を徴兵制のもとで創設する必要もありました。

ですが、もともと覇者に過ぎない徳川将軍のためにそんなことを受け入れようとは大名は思いません。少なくとも外様大名にとっては、とんでもない話です。相手が朝廷だったからこそ版籍奉還や廃藩置県も可能になったのです。

しかも、本来は吉宗のころから大名を弱体化させ幕府を強化する必要があったのに、その時々に課せられる手伝い普請や上納金のかわりに諸侯の自主性が強化され、移封や改易もほとんどなくなっていました。しかも、プロイセンになるべき江戸藩自体の改革が進まず、経済的にも軍事的にも弱体化していたのです。

そうしたなかで、幕府主導での改革のラストチャンスが井伊直弼の時代でした。もはや、幕府の権力強化はほとんど不可能になっていたのですが、成功確率が非常に低い一か八かの最後の勝負を試みたのが、安政の大獄でした。

直弼の死後に、たとえば咸臨丸でアメリカにも行った小栗忠順などは、なおも直弼が考えたような路線を推進しようとしましたが、もはや現実性を持ちませんでした。大老という立場にあった直弼が命をかけてやろうとして失敗した大手術を、小栗のような一官僚が担ぐなど、誇大妄想でしかなかったのです。

小栗はロッシュ公使の本国からの独走気味の甘言にのってフランスをあてにしましたが、フランスは大政奉還の前年にはメキシコから屈辱的な撤兵を強いられました。外交問題で失敗を重ねて数年を経ずしてプロイセンに敗れて滅亡した第二帝政のフランスに、本気で幕府を支える力などなかったのであって、世界情勢への無理解が生んだ危険なもくろみに過ぎませんでした。

直弼のしかけた勝負が正しい判断だったかどうかは人それぞれで評価は違うでしょう。しかし、①朝廷への大政奉還尊王攘夷、②公武融和から合体、③幕府再強化という3つのシナリオのうち、最後の可能性を試みて失敗したことは、選択肢をひとつ試してみたうえで減らしたという意味で、歴史を一歩前に進めたと肯定的に評価して良いのではないでしょうか。外科手術をするなら早めに思い切ってやらないと意味がないのと同じです。その意味で、直弼は歴史を転換させるための殉教者として、一命を捧げたといえるのではないでしょうか。

幕府に裏切られて屈辱の10万石減封

安政の大獄を断行した井伊大老への水戸藩による復讐は、万延元（1860）年、江戸が3月には珍しい雪に見まわれた桃の節句の朝、桜田門外で水戸浪士たちが登城途上の大老の行列を襲い首級を上げるという劇的なかたちで成就しました。暗殺の危険がたびたび指摘されていたにもかかわらず、警護の数を増やさず、しかも、雪で刀を濡らしたくないというので袋に収めたままという、お粗末な危機管理でした。過剰警備など沽券にかかわるという、幕閣の平和ぼけした価値観の犠牲だったのかもしれません。

大名がこのような形で横死したときに藩は原則として改易にせざるを得ませんでした。もちろん、水戸藩の責任も問わなくてはならなくなります。そこで、老中安藤信正は、直弼が大老を辞職し、しかるのちに、病死したこととして公表させました。もちろん、その死は全国どころか咸臨丸で米国へ渡った使節団にまで伝わっていたのですから、建前の世界です。

磐城平藩主で老中だった安藤信正は、かつて直弼に罷免された関宿藩主・久世広周《くぜひろちか》を老中に復帰させ首座に据えるなど融和策を採りつつも、基本路線は固守しようとしました。つまり、幕権の強化と対外開放を進め、和宮を家茂の正室として降稼させました。ですが、和宮降嫁にしても朝廷を拝み倒してのものだったから、交換条件として５年から７年のうちに攘夷に転じることを約束させられてしまいました。

しかも、安藤信正が坂下門外において襲撃されました。文久２（１８６２）年正月のことでした。安藤はなんとか逃げましたが、戦わず素足で逃げたのは武士にあるまじき行いと言われて、辞任しました。そののちは、４月に島津久光が１０００名の武装部隊を率いて上洛し、ついで、一橋慶喜の将軍後見職就任などを求めた勅書を携えた大原重徳とともに江戸に下り、慶喜の将軍後見職、松平春嶽の政事総裁職就任を実現させました。

そして「大老が白昼に暗殺されたものを病死と偽って届けた」として彦根藩は10万石を減封されました。しかも、常駐ではありませんが京都守護を伝統的に担ってきた彦根藩にかわって会津の松平容保が、新しく設けられた京都守護職に任じられました。

こうなると、彦根藩も井伊直弼の路線を、幕府との関係においても、また藩内の責任追及の声に応えるためにも、否定せざるを得なくなりました。家老の岡本半介の主導で、長野主膳らは主君を惑わせたとして斬首されました。また、村山たかも京都でさらし者になりました。

親しい関係だった高松藩主松平頼聡《よりとし》に嫁していた直弼の娘・弥千代は井伊家に帰されました。この二人は明治になって再び夫婦になるのですが、離縁されたときに持ち帰った華麗な雛道具はそのまま彦根に残され、現在でも彦根城博物館で見ることができます。戊辰戦争では彦根藩は新政府側でしたが、高松藩は少し乗り遅れましたから、高松藩にとって復縁は好都合だったかと思います。

南朝に殉じた先祖に立ち返り官軍の先頭に立つ

それでも彦根藩は減封分を戻してもらおうと希望をつなぎ、横浜や大坂湾の警護、天狗党征討など譜代筆頭にふさわしくない仕事を黙々とこなしました。本来は彦根が受けるべき京都守護職に、会津が任じられたことについても、直憲が成長したときには交替をするようにとも陳情しました。ですが、第二次長州戦争では旧式の装備で芸州口で惨敗しました。家茂を将軍に擁立した第一の功労者へのこの冷たい仕打ちに、彦根藩の幕府に対する気持ちが冷めていったのも当然でしょう。

そして、慶応3（1867）年、大政奉還ののちは、いち早く勤皇の立場を取り、早くも11月8日に藩主直憲自ら入京していますが、これは、薩摩、広島、尾張、越前といったところと同じころです。王政復古ののちも積極的に新政府支持を表明し、岩倉具視は「彦根藩の勤皇宣言は、たとえ嘘でも（本心でなくとも）たいへん大きな意味がある」と喜びました。

井伊家自身も南北朝時代に井伊道政が宗良親王を擁して遠江奥山城で北朝と戦ったこと、藩祖直政以来、京都守護職として皇室を守ってきたことなどを持ち出し、勤皇の藩であることを強調すること尋常でないほどでした。こうした勤皇路線への転換にあっては、下士たちの意見が強く反映されたということもありました。

上士が弘道館、下士が宗安寺に集まって会議を開き、上士たちの議論はなかなかまとまりませんでしたが、下士たちは朝明遵奉ですぐに衆議一決し、上士たちもその方針に従ったという有名な事件もありました。

鳥羽伏見の戦いでは、伏見奉行所を見下ろす高台に布陣していましたが、これを薩摩に譲って大津にまわりました。新撰組など伏見奉行所の旧幕府方は、彦根がせめて中立を守ることを期待していましたし、また、敵方にまわってもたいしたことはないと見ていましたが、いつのまにか薩摩の精鋭砲兵隊がここに入り、雨あられと砲弾を浴びせてきたのだから、たまったものではありませんでした。

大津にまわった彦根藩兵は、徳島藩や膳所藩ともども勢多の唐橋を関東から徳川方が攻めて来るのに備えたのです。

大久保利通は「よほど奮発したもので、是非とも実効を上げて罪を償おうということである。実に世の中は意外なものである」、「彦根が官軍に属したので、近江の道は関ヶ原まで開け、しばらく大坂の道が絶えても差し支えることがない」と鹿児島に書き送ったほどです。そして、桑名城の制圧、小山・宇都宮での戦闘、会津攻めなどにも積極的に参加し活躍しました。

とくにめざましい働きと評価されたのは、近藤勇の逮捕です。4月3日、下総流山付近に一団の兵が屯集しているとの報せがあり向かったところ、隊長の大久保大和と称するものが大砲3門、銃118挺を差し出しました。このとき近藤は名を偽って運を天に任そうとしたのです。しかし、彦根藩士・渡辺九郎左衛門が正体を見破り、越ケ谷、次いで板橋に護送しここで処刑となりました。

そして、賞典禄も2万石というトップクラスの処遇を受け、戊辰戦争の翌年の明治2（1869）年には藩主直憲が有栖川宮幟仁《たかひと》親王の王女と結婚するなど、戊辰戦争における彦根藩の功績はあらゆる意味で高く評価されたのです。

彦根藩などは、徳川が大政奉還をし、しばらくは国政を委任されていましたが、王政復古で幕府も廃止になったと解釈したのだし、淀城への旧幕府軍の入城を拒否した現役老中の淀藩稲葉家、淀川の対岸から退却する旧幕府軍を砲撃した王政復古の時点ではそれが薩摩藩によるクーデターではないかとの疑念もありましたが、錦旗が出て津幡藤堂家、山内容堂の戦闘不参加命令を無視して参戦した板垣退助らの土佐藩などの論理は、どちらが官軍かはっきりした時点ではそれまでの経緯がどうであろうとそちらにつく以外にないといういずれも筋が通ったもので、裏切りなどではないのです。

大坂の陣のときは、勅命がなかったからどちらが官軍とも言えなかったのですが、このときは、そうはいきませんでした。そもそも、幕府の権威が朝廷からの委任に基づくとされていた以上は、将軍といえども逆賊として討つことは、不忠でもなんでもなかったのです。

侯爵になれず伯爵となった本当の理由

ところが、井伊家は爵位授与の際に思わぬ災難に遭います。決して井伊大老に対する恨みというわけでなく非公開の内規を機械的に適用しただけなのですが、石高からいえば侯爵となれそうなところを伯爵とされました。

この爵位は、明治17(1884)年になって与えられたものです。こうした爵位や勲章の勲位というのは、体制への服従を誓わせるたいへんな力になるものですが、その一方で、おそろしい不満の種にもなります。

殿様たちの爵位はどうして決まったかといいますと、「現高《げんだか》（物成、租税収入）」が基準になっており、15万石以上が侯爵となりました。そして、5万石以上が伯爵、それ以下が子爵です。ただ、ここで、気を付けなければならないのが、「現高」というのが、いわゆる石高とは微妙にずれるということなのです。家格とか官位は考慮されませんでした。

大名については原則に従えば侯爵が最高位ですが、例外的に最初から公爵とされたのは、徳川家、島津家（忠義の家と久光の家の二つ）、それに毛利です。

それに次ぐ侯爵には、杓子定規で現高15万石以上かどうかで決定されました。大きい方からいうと、前田、細川、紀伊徳川、尾張徳川、浅野、黒田、鍋島、蜂須賀、山内、池田（鳥取）、池田（岡山）、佐竹、それに石高ではこの水準に達しないのですが水戸徳川です。

そして、伯爵の基準である現高5万石以上には、松平（松江）、津軽、藤堂、有馬（久留米）、松平（福井）、久松（松山）、松平（高松）、井伊などが該当しました。そこに、明治天皇の母である中山慶子の母を出した平戸の松浦家、それに朝鮮外交を担った対馬の宗家、さらに一橋、田安、清水という領地が無く現高が計算できない3家を加えて31家が伯爵となりました。

また、戊辰戦争における立場は、そのあと減封などされた場合に限って、それが反映され、侯爵になれたはずの仙台の伊達が伯爵、伯爵のはずの会津松平家が子爵、殿様が脱藩して藩が消滅した請西《じょうざい》の林家は当初は授爵されませんでしたが、それ以外の大名家については爵位に影響していません。

このとき、基準に使われたのは実際の税収高であって普通に知られていた石高(表高)ではないことが思わぬ不満の種になりました。というのは、江戸時代に新田開発が進んだところとか特産品があるところは表高の半分を超えますが、そうでないところでは、それ以下になるのが普通だったからです。

たとえば、佐竹氏は表高20万５８００石に対して現高も17万石以上になっていますので、佐竹氏より表高の多い、伊達、井伊、藤堂、有馬(久留米)、松平(福井)が税収が少ないばかりに伯爵に留め置かれたのに、侯爵になりました。

井伊家の場合は、しばしば35万石といわれましたが、実は5万石は幕府領からの預かり米であって計算には入りません。また、桜田門外の変などの責任を取らされて文久年間に20万石とされています。さらに、近江では慶長のころから新田開発があまり進まず実質的な石高もあまり上がっていなかったから、これに相応する実収入だと9万石余りにしかならず、箸にも棒にもかからなかったのです。おそらく、文久の減封の前の30万石を前提に計算しても侯爵にはなれなかった可能性が高いのです。

従って、井伊家が侯爵になれなかったのは、統一基準の設定の仕方と、文久の改革で幕府から減封処分を受けたためで、新政府に睨まれたということは、まったくないのです。井伊家の他に、同じように戊辰戦争で官軍についた津の藤堂が伯爵、高田の榊原が子爵に留まったのも、現高が基準になったことによる悲劇でした。

つまり、島津、毛利以外は維新の功労を考慮されず、逆に徳川宗家や水戸家、御三卿が特別に優遇されたのです。さすがにひどいというので維新の功が抜群だった越前、宇和島などがのちになってワンランク上げられましたが、彦根などは特別扱いされませんでした。

ですが、井伊家にとっては、「せっかく官軍について一生懸命に戦ったのに」という悔しさが残りました。井伊家の当主であった元・彦根市長、直愛の双子の弟である井伊正弘（元彦根城博物館館長）は、「私の父は、要するに直弼が暗殺され、井伊家は国賊だという扱いを受けていたわけで、だから本来なら侯爵になるところを伯爵という格下げみたいな形になったわけでしょう。だから父は世間に出ていくことを嫌って、能に打ち込んでいたのではないかと思うんです」と語っています。

ここまでに書いてきたように、この説明は事実に反するのですが、当時は統一基準が公表されていなかったので、誤解が生じたのです。

さらに、県庁所在地も、京都に近い重要な軍事拠点で、幕府の重要な代官所があった大津に取られてしまいました。これは、長崎、新潟、奈良、神戸、横浜に似た県庁所在地の選択で順当なものでした。なにしろ、薩長土肥の一角を占めた佐賀ですら現在の47都道府県の骨格ができた明治9（1876）年には長崎県と一つの県とされ、県庁はやはり幕府直轄地の長崎で、のちになってやっと独立したくらいなのです。

つまり、これも安政の大獄と関係ないのですが、彦根のプライドを傷つけました。そんなことで、官軍に協力したことが何だったのだろうかという思いから、彦根では佐幕的な気分が強くなりました。いま、彦根の市民たちに、戊辰戦争で井伊藩が官軍の先頭にあって大手柄を立てたと話すと驚く人がほとんどです。「会津と一緒じゃなかったんですか」という人もあるほどです。

ただし、彦根の不満はいくつかの国家的機関を彦根にもたらしました。滋賀県のいわゆる一中は彦根東高校ですが、これは、大津に設けられた滋賀師範の分校を彦根に設置したものの廃止することになったときに普通中学としたものです。このころ、中学校進学希望者には士族が多かったことが背景にありました。何度か県庁移転運動がありましたが、その慰撫のために、現在の滋賀大学経済学部の前身である彦根高商が設けられました。気象庁の測候所があるのも彦根です。

彦根藩士たちからも、明治になってそれぞれ栄達した者が出ました。中村覚は陸軍大将、三須宗太郎は海軍大将となって、それぞれ男爵になりました。大東義徹は第一次大隈内閣の司法大臣となりました。大海原尚義は富山県大参事となり、その息子の重義は京都府知事を務めました。

戊辰戦争の東北戦線で官軍の一員として大活躍した相馬永胤は専修大学創立者の一人であり、弘道館で学んだ増島六一郎は中央大学の初代校長となりました。

太政官で大久保利通に仕えた日下部鳴鶴は、書道の大家として著名です。大正から昭和にかけて活躍した歌人の木俣修は筆頭家老だった木俣土佐守家の末裔です。日本生命の創業家である弘世家は、彦根藩の御用商人でした。

近年では、ジャーナリストの田原総一朗さんは、彦根藩足軽の子孫で、その生家は、城下の南東の芹川左岸にあります。

第10章　日本一の城下町彦根と彦根藩領だった世田谷区

ひこにゃんは実は小田急沿線豪徳寺の猫だった

東京都世田谷区の豪徳寺に井伊直弼の墓があります。彦根藩主は、在国中に死んだら清涼寺、江戸表でなら豪徳寺に葬られました。曹洞宗のお寺です。

ひこにゃんも実は、ここでのエピソードがもとになっています。3代藩主井伊直孝が鷹狩りの途中、雷が鳴るのでこのあたりの大きな樹木の下で雨宿りしていたのですが、豪徳寺の猫が自分を手招きしているような気がしたので、一歩、直孝公がそちらに近づいたところ、もといた樹木に雷が落ちて、危うく直孝公は難を逃れたということだったのです。

この「招き猫」の伝説によって、江戸時代から招福を願う花柳界の人たちの参拝が多く、現在も門前の店で招き猫を売っています。この逸話をもとに彦根城築城400年祭のマスコットとして生まれたのが、「ゆるキャラ」の代表として大成功した「ひこにゃん」です。

井伊軍団のシンボルともいえる赤備え（戦国時代の軍団編制の一種で、あらゆる武具を朱塗りにした部隊編制のこと）の兜を合体させて生まれたキャラクターです。

２００６年「国宝・彦根城築城４００年祭」のキャラクター図柄として公募作品のなかから決定され、愛称を募集して4月13日に「ひこにゃん」に決定。この日が誕生日とされています。

この豪徳寺が井伊家の菩提寺になっていたのは、世田谷が栃木県の佐野と並んで彦根藩の関東における飛び地だったからです。

江戸時代の殿様は、領国から離れたところに飛び地をもっていることが多かったのです。由来としては、転封のときに新領地では石高が十分でないので、幕府が旧領の一部を保持することを許したということもあります。

たとえば、桑名藩は越後の柏崎を幕末に領地にしており、会津の松平容保の弟で、京都所司代も務めた松平定敬は、鳥羽伏見の戦いの敗戦ののち、徳川慶喜によって兄の容保ともども、一緒の船で江戸に連れて帰られ、その後、江戸から追放されました。

そのころ、すでに領国の桑名には官軍が迫っており、家臣たちは官軍に呼応しかかっていたので、定敬はしかたなく飛び地の柏崎に逃げ込みました。

領地を与えるときの数字あわせでたまたま空いている土地を与えられることもありました。江戸中期に姫路藩主だった榊原政岑《まさみね》は、吉原の高尾太夫を身請けして将軍吉宗の逆鱗に触れ、藩は越後高田へ転封されましたが、その際に吉宗は、15万石を表向き維持させたものの陸奥（福島県）の貧しい土地を飛び地としました。

そうしたことと関係なく、特殊な経緯でということもあります。加賀藩は近江高島郡に何ヵ所か飛び地を持っていましたが、今津周辺は豊臣秀吉から前田利家夫人のまつに与えられた化粧料に起源があります。また、湖北の港湾都市海津は江戸中期の藩主綱紀が、舅だった保科正之に工作してもらって、京都への中継基地として他の不用な領地と交換で与えられたものです。

しかし、佐野や世田谷は、ちょっと性格が違います。これは、江戸屋敷の維持に役立てるためのボーナスなのです。安土桃山時代や江戸時代にあって、領主は自分の領地から年貢をとり、労力奉仕や現物提供を求めました。

年貢の米は市場で換金することも多いのですが、まずは、武士たちの自家消費に充てます。彦根藩の場合には江戸屋敷に千人規模で、武士やその使用人がいました。藩主は幕閣の仕事のための食糧を商人に利ざやを与えずに自給できます。

さらに、殿様や奥方がお出かけになるとか、藩邸の修繕工事や幕府から命じられたお手伝いがいるとか、お客様を迎えるとかいうときに人手が要ります。馬と馬丁がいるとか、わらじを編んでくれといったことが必要なこともあります。

そんなわけで、関東、とくに、江戸に近いところに領地があるのはとても便利なのです（経済の中心だった大坂や京都に近いところも同様です）。

関東で井伊家の領地になっていたのは、下野国安蘇郡佐野で1万7693石と武蔵国の荏原郡の世田谷と近くの多摩郡と併せて2306石でした。佐野藩というのが別途あるのですが、それは、むしろ街外れにあって彦根藩領の方が重要です。

世田谷区が彦根藩領だった不思議

彦根藩の武蔵国世田谷領は、旧郡でいうと荏原郡と多摩郡に跨《また》がっています。現在は郡というと市に昇格していない町村地域だけですが、もともとは、日本中どこでもどこかの郡に属していました。

京都御所のあたりは、山城国愛宕郡ですし、大坂城は摂津国東成郡です。また、愛知県や宮城県など県庁所在地と県名が一致していないのは、ほとんどが県庁所在地の郡名に由来しています。

東京はどうだったかというと、江戸城のあたりは、戦国時代までは荏原郡でしたが、江戸時代には豊島郡になりました。築城に伴う地形の変化が理由でしょう。墨田、江東、江戸川、葛飾は葛飾郡で江戸時代の中ごろまでは下総国でした。両国橋の名はその名残です。そのほかのところは、足立、豊島、多摩などの郡が明治になって複数に分割されたので少しややこしいのですが、足立区は埼玉県の浦和や大宮と同じ足立郡（のちに南足立郡）。練馬、板橋、豊島、北、荒川、文京、台東は北豊島郡。中野区と杉並区が東多摩郡。千代田、中央、新宿、渋谷、それに港区北部が南豊島郡。港区南部に品川、大田、目黒、世田谷東部が荏原郡です。

ただし、明治29（1896）年に南豊島郡と東多摩郡が合併して豊多摩郡となっているので、関東大震災（1923年）のころは、新宿駅や東京都庁のあたりは豊多摩郡淀橋町でした。

彦根藩の領地は、荏原郡のうち世田谷、新町、弦巻、用賀、小山、野良田、下野毛、上野毛、瀬田、八幡山、太子堂、馬引沢。それに多摩郡（北多摩郡）の岡本、鎌田、大蔵、横根、宇奈根、岩戸、猪方、和泉でした。大ざっぱには、世田谷区南部の大部分ということになります。

代官を務めたのは、地元の豪農で現在の世田谷区役所の近くに屋敷を構えていた大場家です。ただし、かつて世田谷区長を務めた大場啓二さんという人がいましたが、この方は、山形県出身なので関係はないと「朝まで生テレビ！」に一緒に出演したとき本人から聞きました。

図Q　世田谷区の井伊彦根藩領

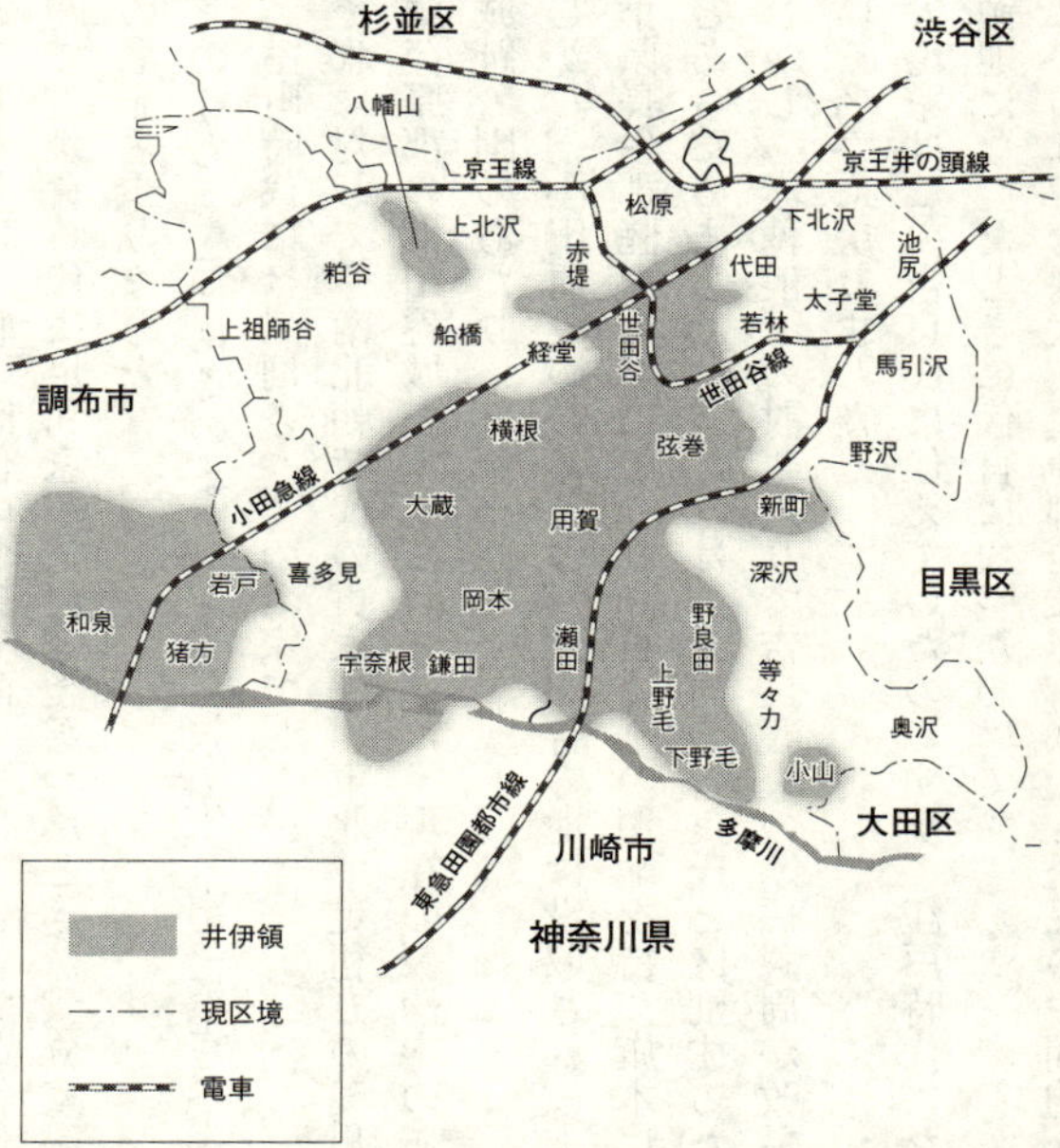

『史料に見る 江戸時代の世田谷』（下山照夫編）の記述をもとに、江戸期の彦根藩領の村名と合致する現代の町名を井伊領として図示した。境界などは当時とは異なっている可能性もある。大まかな目安として見てほしい。なお、馬引沢村内に約25石、太子堂村内に１石の井伊領があるが、村内の一部で境界不明なので図示しておりません。

このあたりは、戦国時代の北条支配下では、吉良家の領地でした。吉良家は足利一門で、鎌倉時代に足利家が三河守護だったときに、分家が吉良に土着してその土地の名を名乗りました。

そのうち、三河にそのまま留まったのが、のちに吉良上野介義央を出した本家で、室町時代には三河きっての名家でした。

それに対して、南北朝時代の貞家は、東北で足利方の奥州管領となって活躍し、武蔵荏原郡の世田谷城を本拠にしました。現在の豪徳寺のあたりから、南側の世田谷城趾公園のあたりにありました。

しかし、小田原攻めのあとは、世田谷の地は没収され、上総国長生郡寺崎（現・千葉県長生郡睦沢町）に1000石余りの領地を持つ旗本になりました。名字も蒔田とあらためましたが、これは、三河の吉良氏と区別するためだったようです。しかし、赤穂浪士の討ち入りで吉良義央の嫡孫義周が改易されたのを受けて吉良という名字に戻りました。

大場家はこの吉良氏に仕えていたのですが、江戸時代になって、世田谷が彦根藩の領地になったときに代官になったわけです。

はじめは身分は大庄屋や郷士など、武士と農民の中間的なものでした。のちに、

19世紀になって、35石の士分となります。35石というと平均より少なめの下級武士ですが、実際には豪農としての収入があり、天保期では200両ほど年収があったそうです。

ほぼ1両は米1石であり、石高の4割程度が領主の取り分です。だとすれば、収入200両は石高500石程度の上級武士に匹敵するという計算もできます。士農工商などという言い方をする人もいますが、こういう豪農で村役人を兼ねていると上級武士に準ずるくらいの扱いだったのです。

豪徳寺には井伊直弼のお墓がある

豪徳寺は世田谷城跡の西側にあり、吉良氏の館に接していたようです。赤穂浪士で有名な芝高輪の泉岳寺の末寺で大谿山洞春院と号しています。もとは、弘徳院といい、文明12（1480）年に吉良政忠が伯母のために建てた庵が起源です。

開山は臨済の馬堂昌誉といわれますが、天正12（1584）年門菴が住職となって曹洞宗に改めました。寛永10（1633）年頃、世田谷が井伊家所領となったのを機に、領内の弘徳院が菩提寺に取り立てられました。直孝の没後には、その法号「久昌院殿豪徳天英大居士」にちなみ豪徳寺と寺号を改め、以後、井伊家墓所として、江戸で亡くなった藩主や家族がここに葬られました。墓所の北西角には、豪徳寺中興開基の直孝墓が位置し、そこから南西に直進したところに幕末の大老、16代直弼（宗観院殿）墓があります。直弼墓に至る参道沿いには、藩主や藩主正室らの墓石が整然と並び、豪徳寺の伽藍造営に貢献した亀姫（掃雲院殿・直孝長女）墓がその中央西側に位置しています。墓所内で最も古い墓は、直時（広度院殿・直孝4男）のもので、万治元（1658）年に建てられました。直孝が没したのは万治2（1659）年で、どちらの墓石も唐破風笠付位牌型で造られています。以降、豪徳寺に所在する藩主、正室、世子、側室の墓石は、いずれもこの形式で建造されました。

また、墓所の北側の一角には、早世した井伊家子息子女らの墓石に混じって、江戸で亡くなった藩士とその家族の墓石も据えられています。これらを合わせると、墓所に所在する墓石の総数は300基余になります。

彦根藩主井伊家墓所は、豪徳寺、清涼寺（滋賀県彦根市）、永源寺（滋賀県東近江市）の3ヵ寺にあり、歴代藩主とその一族の墓が網羅されます。各墓所は、将軍家側近でもあった井伊家の姿を物語り、江戸時代の幕藩体制と大名文化を考える上で欠くことのできない貴重な遺産であるため、一括で「彦根藩主井伊家墓所」として、平成20(2008)年3月28日、国史跡に指定されました(世田谷区教育委員会掲示より)。豪徳寺は一族の吉良政忠が世田谷城内に伯母を弔うために創建した弘徳院が前身であり、隣接する吉良家の菩提寺である勝光院内には、吉良一族の墓を見ることができます。

境内には、井伊直弼の墓や、その忠臣遠城謙道の墓もあります。また、井伊家から謙道に贈られた直弼遺愛の茶屋も遺されていて、東京三大茶屋の一つに数えられていました。

佐野藩は郊外で栃木県佐野市の中心は彦根藩領

彦根藩の関東でのもうひとつの領地は栃木県(下野国)の佐野市にありました。このあたりには、京都から日光へ向かう朝廷から派遣された例幣使《れいへいし》という使者が、群馬県高崎市内の倉賀野宿で中山道から分かれて東に向かったところに、9番目の宿場である天明宿と10番目の犬伏宿があります。このうち、天明宿が佐野市の中心で、そのあと、栃木宿経由で北に向かい、今市から日光に抜けました。

中山道は彦根領内では、高宮宿などを通り東へ向かっていますが、例幣使を滞りなく行き来させるために、彦根藩がその街道沿いに飛び地を持っていることはなるほどといったところです。この天明宿の周辺では、鋳物産業が盛んでした。

また、市内でも南側の植下町付近には、堀田氏が3万石の領地を持っていました。この殿様は、それ以前には、近江堅田にも領地を持っていましたが、文政9(1826)年に幕府の若年寄だった堀田正敦が加増のうえで陣屋をこちらに移しました。

江戸時代は藩というものが公式の制度でなく、正式の藩名というものはなかったのですが、明治2(1869)年の版籍奉還のときに佐野藩を名乗りました。しかし、その陣屋があったのは、佐野市の南部にある植下で、佐野の中心部は彦根藩領だったのです。

余談ですが、現在の佐野市の北部に旧小中村があります。ここは近江源氏の子孫で高家であった六角家の領地でしたが、ここの豪農から出たのが足尾鉱毒事件で有名な田中正造です。

また、田沼というところがありますが、ここが老中・田沼意次の父祖の地だそうです。田沼家は紀州藩の足軽でしたが、徳川吉宗が8代将軍になったときに、吉宗が部屋住みのときから仕えていた意次の父である意行が幕臣になって出世しました。

天守・庭園・博物館がいずれも高水準で日本一の城下町

日本三名城などという言葉がよくありますが、基準がきちんと示されていないのであまり意味がないと思います。名古屋城は、戦災前は全国一だったでしょうが、現状ではさほどのものではありません。熊本城は復元工事が進んで、かなり改善されましたが、２０１６年の地震で大きな被害を受けました。いずれも鉄筋コンクリートで再建された建物が主です。

そんななかで姫路城は華麗な天守閣や櫓、城門などがほぼ無傷で残り、しかも、城の周囲の広い範囲からさまざまなアングルで素晴らしい景観を望むことができ、別格的存在ともいえます。

ただ、御殿、庭園などが残っていないし、城下町は戦災で面影がなく、第一級の博物館もありません。それに対して彦根城は、姫路城に欠けるものがすべてあり、城と城下町を総合的に評価するならナンバーワンと言ってよいのです。

天守閣は国宝に指定されている五天守の一つです。最近まで四天守でしたが、松江城天守閣が国宝に指定されましたので五天守になりました。

この天守閣は関ヶ原以前に京極高次の大津城天守閣だったものを、江戸最初期に

彦根城天守閣（国宝）とひこにゃん

移築しました。城郭建築最高の時代のものであり、技巧的にもさまざまな破風が巧妙に組み合わされ、欄干や華頭窓なども美しく、白壁と黒い下見板張りのバランスの良さなど、畿内ならではの洗練されたものです。

大津城時代はもっと純粋に黒い桃山風だったと思われますが、移築の時に白い江戸風の要素が加わったようです。また、もともとは、四層だったものを三層にしたのか、少しずんぐりとした印象があります。

櫓や門がたくさん残っており、長浜城大手門だったともいわれる天秤櫓、小谷城の天守だったともいう西の丸三重櫓、佐和山城遺構ともいわれる太鼓門櫓など、様式はさまざまですがよく調和しています。明治になって城内は陸軍施設に使われ、天守閣なども邪魔だと撤去されることになりましたが、たまたま視察に訪れた大隈重信が藩士たちの心情を汲んで保存を進言しました。

藩主の別邸である槻御殿（建物は楽々園、庭園部分は玄宮園）は、大名庭園と天守閣がひとつにおさまる希有なアングルを提供しています。井伊直弼の住んでいた埋木舎、それに多くの武家屋敷や寺社、城下町の町並みが残っています。

惣構えはともかく、二の丸の外堀より中は石垣も堀も完全に保存されています。城の縄張りと構造は、多分に東日本的であって、壮大な石垣はなく、土塁が多く使われています。

藩主の御殿を復元して利用した彦根城博物館に、ほとんど完全な姿で継承された井伊家の家宝が展示されていて、全国的にも他の追随を許しません。大名家のお宝はだいたい困窮期に散逸したり、戦災にあったりしています。この井伊家のコレクションに次ぐのは、尾張徳川家のものです。とくに寛永時代の京の遊里の風俗を描いた「彦根屏風」（井伊直亮が購入）は国宝に指定されています。

そして、城が市内中央部の丘の上にあるので、琵琶湖上も含めた広い範囲から見

図R　近江各藩領

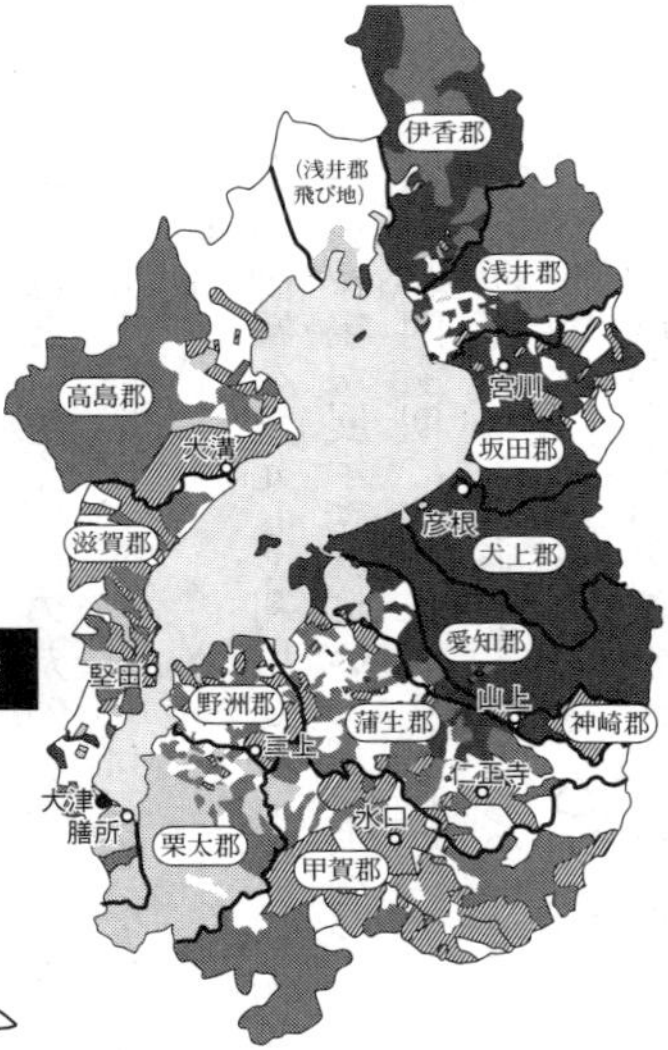

図S　近江の街道と港

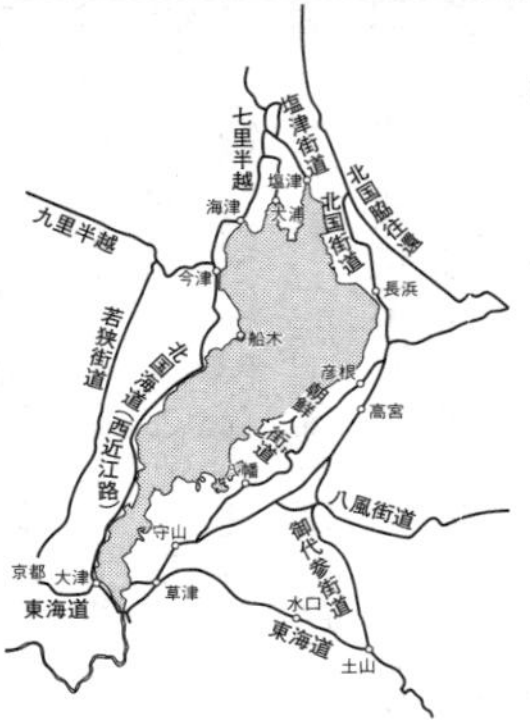

近江は京に近いこともあり、国内各藩、他国の藩、幕府、旗本、宮家・公家、寺社などの領地が錯綜していた。また、ひとつの村が10以上の領主に分けられていたことすらあった。そんなことで、地図の上に各藩領を正確に示すことは不可能に近いのだが、ここでは、『滋賀県史』及びそれをもとにした『彦根の歴史—ガイドブック—改訂版』（彦根城博物館刊）を参考に、概略を示したものである。時期は彦根藩が30万石（このほかに預かり米5万石分）で、堅田藩が存続していた江戸中後期である。なお、代表的な天領としては大津があり、他藩領では今津や大崎が加賀藩、八幡は尾張藩であり、野洲郡には淀藩領、蒲生郡には仙台藩領などが多かった。

ひとつの村を複数の領主で分割するケースが多く、ここでは描き切れていない。彦根藩では天野川以北を北筋、彦根城下周辺を中筋、宇曽川以南を南筋と三分割して統治していた。このほかに、下野の佐野、武蔵の世田谷が領地だった。世田谷は土着の豪族である大場氏が世襲で代官を務めた。

江戸上屋敷：桜田門外（憲政記念館）中屋敷：赤坂喰違（ホテルニューオータニ）下屋敷：千駄ケ谷（明治神宮）京屋敷：河原町三条（元・京劇会館）

図T　彦根城下の図

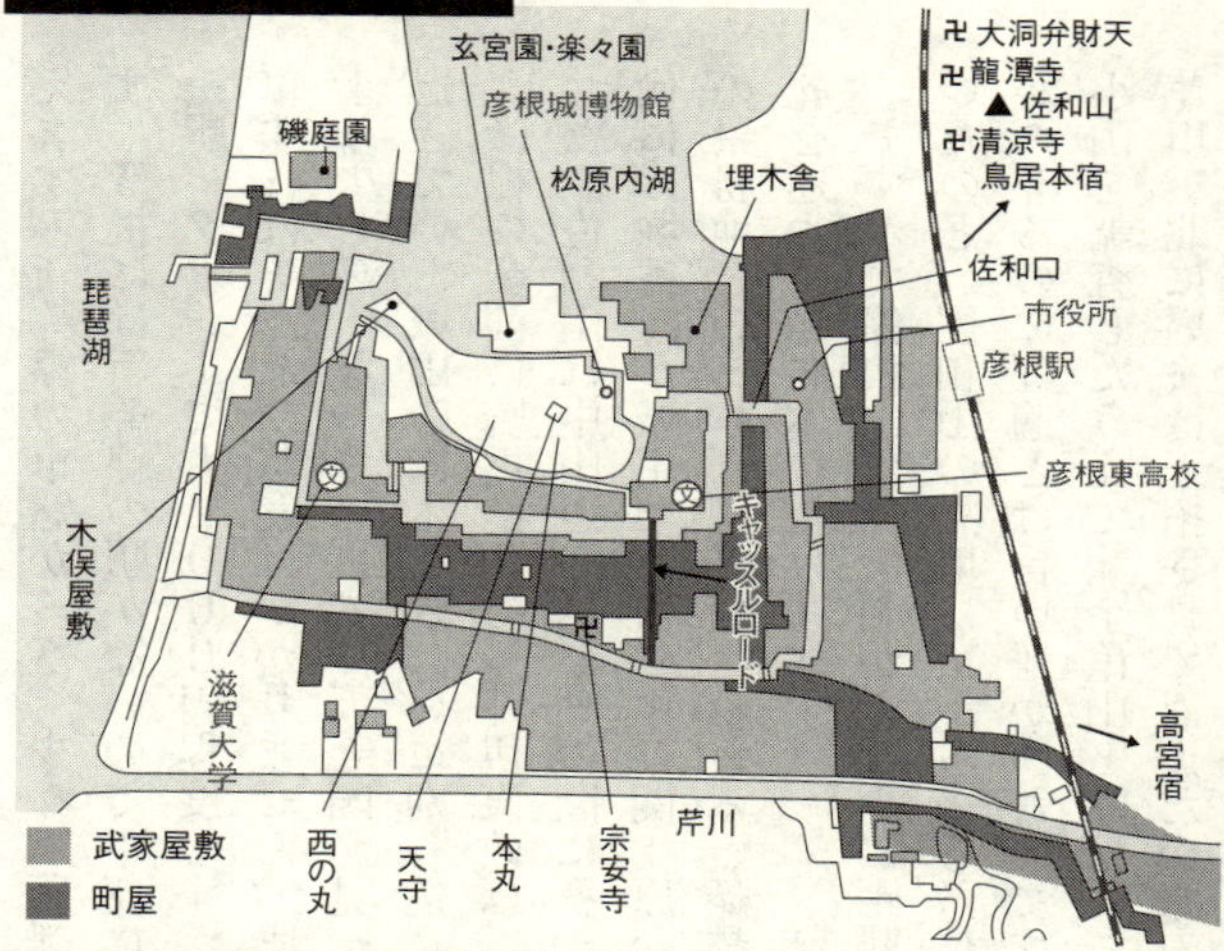

図U　彦根城本丸

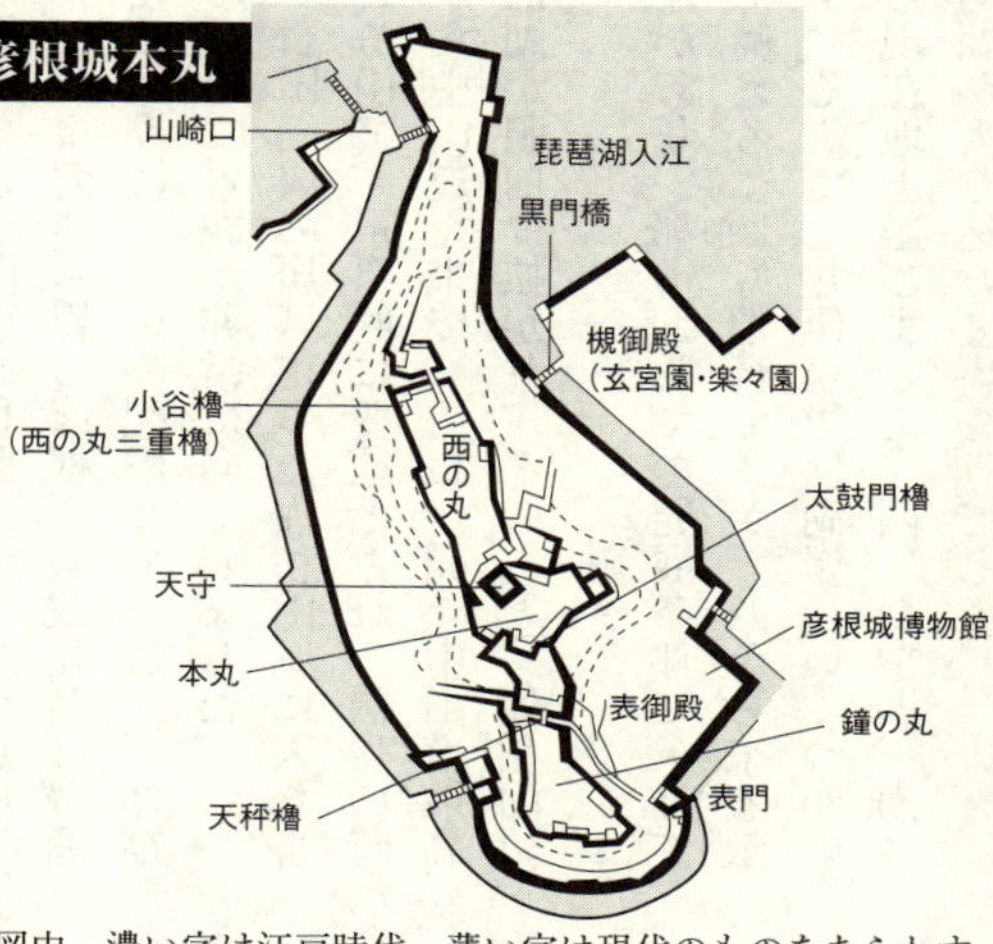

城下の図中、濃い字は江戸時代、薄い字は現代のものをあらわす。

えます。新幹線の車窓からも、少々、距離がありますが、気をつければよく見えます。彦根には新幹線の駅がないので不便に思われていますが、米原駅から在来線で一駅、タクシーでも2000円程度ですから、東京と関西を移動するときに途中下車すればそんなに時間はかかりません。また、東海道本線の彦根駅の改札階は普通より少し高くなっています。天守閣が見えるように、という配慮です。近年、伸び過ぎていた城山の樹木をきれいに刈り込んだので景観が非常に向上しました。

彦根の駅前に騎馬像がある井伊直政は、石田三成の居城だった佐和山城に入りました。佐和山は中山道と琵琶湖の間に聳える山で、軍事的に要地とされ、信長の時代には堀秀政が城主でした。東の関ヶ原から中山道を来て、信長が開き中山道最高の景勝地といわれた摺針峠を越えると琵琶湖が眼前に拡がり、そのあと、佐和山の麓を通って鳥居本に抜けます。

ですが、佐和山は琵琶湖からは少し距離があり、都市としての発展条件に欠けていたのと、佐和山の立地は東から来る敵に備えるには好都合ですが、西から来る敵から守るのに好適とは言い難かったのです。そこで、井伊家では湖岸のいくつかの小山を調査したうえで、金亀山《こんきさん》と呼ばれる現在地を選びました。西に琵琶湖、南に芹川、北にいまは干拓されて消えた松原内湖が入り込む要害の地でした。

江戸初期に徳川氏が京・大坂周辺に築いた城としては、大津城に代わる膳所城が最初で、それに彦根城、伊賀上野城、丹波篠山城と続きましたが、まさに、大坂包囲網だったわけです。

佐和山城趾には石垣などもあまり残っておらず、石田時代の思い出を抹消するためなどともいわれますが、建物や石材は彦根城に転用されたからですし、徹底的な破壊は新しい城を見下ろすような城を再利用可能なまま残しておくはずがないというだけのことです。また、幕末にいたるまで彦根の別名として佐和山という名も使われたようです。

彦根市では、大老・井伊直弼の曾孫にあたる直愛が9期36年（1953〜89年）にわたって市長をつとめました。

東京帝国大学農学部水産学科から同大学院に学び、アミ類の研究で多くの新種を発見しました。東大農学部嘱託、文部省資源科学研究所などで研究を行い、戦争で彦根に疎開し、滋賀県水産試験場、滋賀大学経済学部講師などもつとめたのち、彦根市長に立候補し、当選しました。

愛媛県で久松定武氏が知事となるなど、全国的に殿様知事・市長がブームになっていたころです。

1952年に天守閣が国宝指定を受けたのも追い風になったのかもしれません。つづいて、1956年には、「彦根城跡」が特別史跡に指定されました。

しかし、昭和の大修理1957年（昭和32年）〜1960年（昭和35年）、天守では天守閣の解体修理が行われ、多くの発見もありましたが、観光客は来なくなりますし、その後の修理もコストがかかりたいへんでした。

井伊家のお宝は、天秤櫓が宝物館として利用されていましたが、1987（昭和62）年、彦根市市制50周年として御殿が復元され、「彦根城博物館」として展示されるようになりました。ただ、直愛氏が市長在任中は、彦根市への宝物の寄付が公職選挙法の制約でできないという問題がありました。その後、相続税問題もあり、国宝の彦根屏風のみ買い上げし、ほかは寄付ということになりましたが、少し政治問題になったこともあります。

また、1963年には、NHK大河ドラマで、舟橋聖一原作の「花の生涯」が放送されて、観光客も飛躍的に増えました。

しかし、さすがに、長すぎたこともあって、10期目の立候補では、弁護士の獅山向洋氏に敗れました。獅山氏は、再選を目指しましたが、井伊シンパの期待を担った建築家の中島一氏に敗れました。中島氏が2期つとめたあと、復帰して2期つとめました。

獅山氏のときに築城400年祭があり、そのマスコットとして選ばれたのが「ひこにゃん」です。また、中島氏は建築家としての見識を活かし、城下町の整備に力を注ぎました。

現在の市長は県会議員もつとめた大久保貴氏ですが、早くから議論されながら店《たな》ざらしになっている彦根城の世界遺産登録の実現にも熱心に取り組んでいます。城と城下町の素晴らしさは類例をみないものですが、姫路城が単独で登録されたので、違いを説明するということが難関になっています。

井伊家の方は直愛元市長のあとは直豪氏が跡を継ぎましたが、比較的早くに亡くなり、現在は娘の裕子氏が彦根市教育委員会事務局市史編纂室に勤めていたときの同僚、直岳氏を婿養子に迎えました。直岳氏は現在も彦根市役所に勤めています。

男子の兄弟がいなかった裕子氏は直虎と立場に共通するものがありますから、「実は彼女（直虎）の話を初めて知ったとき、置かれた立場が自分自身と重なって、胸がぎゅっと絞られるような思いがしました」と週刊誌のインタビューでも語っています。

あとがき

「戦国時代」が面白いのは、そこに夢がありチャンスがあったからだ。戦いは悲惨だったろうが、人々は中世社会の縛りから解き放たれて、新しい技術のおかげで生活は豊かになった。また、荒れ果てた都から公家や文化人が地方に逃げ出して連歌や古典文学を教えに回ったので地方で楽しめるようになった。

そんななかで、女性たちも中小企業の女将さんのように、男性と対等に近い立場で活躍できたのがこの時代ではないか。

最近、ＮＨＫの大河ドラマでは、できるだけ女性を主人公にしたいらしい。しかし、江戸時代の江戸城や大名家では、女性は大奥のようなところに隔離されて表舞台に出てくることはなかった。

とくに参勤交代で、大名の奥方は江戸屋敷以外に住むことが禁じられていたから、ほとんどの姫君は江戸屋敷で生まれてよその大名の江戸屋敷に輿入れするだけで、江戸を一度も離れなかった。実家であれ婚家であれ、領国は一度も見たことがないまま一生を終えたのだから大河ドラマにできそうもない。

例外としては篤姫である。鹿児島で島津家分家の娘として生まれ、殿様の養女になって江戸へ出てきて将軍家定の御台所になった。幕末になると、奥方の江戸詰も義務ではなくなって女性が少し表に出る時代になっていたのでテーマにしやすくなった。

しかし、日本史を振り返ると、女性の政治における役割は、小さなものではない。天照大神や卑弥呼にまで遡らなくても、古代には女性の大王も珍しくなかった。歴代天皇で最初の女帝は推古天皇だが、大正15年までは神功皇后も女帝として扱われていたし、武烈天皇の死後には飯豊青皇女が臨時に大王としての役割を果たしたとされている。

推古、持統、皇極（斉明）、元明、元正、孝謙（称徳）という女帝たちも、皇位継承のなかではつなぎの存在ではあったが、実務においては男子の天皇に劣らぬ働きをしている。元明・元正の母子など文武、聖武など男たちよりよほどしっかりしていた。

藤原不比等の妻だった橘三千代やその娘である光明皇后など、夫たちを操っていたとしか考えられないパワフルさだ。正倉院御物にある光明皇后の墨跡など男勝りでダイナミックというしかない。

平安時代になると、摂関制と言うが、むしろ、若年者の天皇が多かったなかで母后が実力者になって、その父や兄弟などが影響力を行使できただけという観すらある。源平時代では、北条政子は源頼朝よりはるかに頼りがいがある。

また平家の天下も後白河院の女御であった平滋子（建春門院）あってこそであり、院の晩年は丹後局が源頼朝との窓口として交渉に当たっていたし、室町時代の日野富子は将軍以上の権力を振るった。

そして、戦国時代の女性は、まさに中小企業の女将さんよろしく、一家を切り盛りする副社長みたいな存在だった。

井伊氏の主君だった今川家では、義元の父である氏親の母北川殿は、幼子だった氏親の家督継承を、将軍側近を務めていた兄弟の北条早雲を京から呼び寄せて実現している。

その氏親の正室で公家の娘だった寿桂尼は、氏親が中風で晩年の10年ほどは政務もままならなかったので、これを補佐し、氏親が亡くなると6年間は、氏輝でなくもっぱら寿桂尼が公的文書を発給している。いわば正式の摂政のような立場だったわけだ。

さらに、氏輝が死んだあとは、やはり実子で出家していた義元を還俗させて跡継ぎにするために奔走し、敵方の陣営を自ら訪れて説得に当たっている。そして、義元が桶狭間の戦いで死んだあとも、暗愚な氏真を必死に支えていたが、義元死後8年経って寿桂尼が死ぬと、その翌年には今川家は滅亡してしまうのである。

女性たちの強さが不幸な結果となったのは、徳川信康の事件である。正室の築山殿が武田方と内通し、信康と築山殿が死に追い込まれたのだが、家康が前線に近い浜松城に移ったあとの岡崎城で、実母で織田方に近い水野家出身の於大の方、正室で今川一門の築山殿、息子の嫁で織田信長の娘である徳姫の三人のめっぽう気が強い女性が争った。そのトライアングルを家康が制御できなかったのが原因だ。

このほか、お市の方や浅井三姉妹の一生を見ていくと、織田信長の母とか、浅井長政の姉妹で浅井三姉妹の次女初の姑である京極マリアの意向というのが相当に影響していたし、豊臣秀次事件は秀吉の母でゴッドマザーだった大政所が死んだとたんに、豊臣家の女たちが勝手に動いて統制が取れなくなったから起きたとみると分かりやすい。

さらに、大河ドラマの主人公となった、前田利家の妻まつや、山内一豊の妻千代となると、ややいい加減な夫を叱咤激励して大大名に押し上げた観がある。本多忠勝の娘で真田信之の妻となった小松姫も、関ヶ原の戦いで西軍についた舅の昌幸を独断で居城に入れずに家を守った。

ただ、こうした女性の活躍ぶりは、記録にはあまり残らない。とくに、手紙などは夫が生きている限りは、夫の名で出していることが多い。だから浅井三姉妹の場合など、長女茶々や次女初は夫の死後になってからの大量の手紙が残っているのに対して、夫より先に死んだ3女江の手紙はほとんどないのである。

そんなこともあり、井伊直虎の活躍ぶりも、資料は乏しいのだが、井伊家存続のために、大車輪の活躍だったことは状況証拠としては間違いないし、また、どのように動いたかは、上記のような例も含めて、ある程度、記録が残っている女性たちの活躍ぶりを参考にドラマが展開すると思うので、それであれば荒唐無稽なものにはならないだろう。

昭和以降は、戦後には女性参政権が実現し、女子差別撤廃条約（1981年）や男女雇用機会均等法（1985年）などが定められ、1991年に芦屋で北村春江市長が誕生したのを皮切りに、女性首長もたくさん登場し、2016年7月には小池百合子都知事が誕生し、女性政治家が注目されるようになった。戦国の逞しい女性たちの活躍を井伊直虎という人物に投影して楽しむのは時宜にも適っていると思う。

それから、直虎は「戦国ＢＡＳＡＲＡ」や「戦国無双」などのゲームに登場する謎の女性戦国武将として人気となって、ゲームファンから火が付いたというのはいかにも現代風だ。

井伊家17代当主の長女・井伊裕子さんは雑誌インタビューで、一人娘として生まれた直虎は、まわりに井伊家の当主となるべき男の人がいなくなって、自分がなんとかしないと井伊家がつぶれてしまうという大変な立場で、そのことと、二人姉妹の長女で男兄弟はいなくて、ここでつながなかったら直系の井伊家はぷっつり切れてしまう、という自分の立場が重なったそうだ。井伊家では初めて他家から婿を取って、現在は婿である夫が井伊家を継いでいるとのこと。ここでも女性が力強く歴史をつなげていくという、戦国時代からの連綿と続く決意が感じられた。

２０１６年10月

八幡衣代

【参考文献】

『遠江井伊氏物語』　武藤全裕著　発行所龍潭寺　２０１０年10月発行
『おんな城主井伊直虎の生涯』洋泉社ＭＯＯＫ　２０１６年10月発行
「『井伊家伝記』の史料的性格」（野田浩子）「彦根城博物館研究紀要」第26号２０１６年　彦根城博物館
『おんな城主井伊直虎その謎と魅力』　石田雅彦著　井伊達夫監修　アスペクト　２０１６年８月発行
『女城主・井伊直虎』　楠戸義昭著　ＰＨＰ文庫　２０１６年４月発行
『今川義元』　小和田哲男著　ミネルヴァ書房　２００４年９月発行
『おんな城主直虎と井伊家の歴史』井伊達夫監修　キネマ旬報社　２０１６年10月発行
『井伊家のひみつ　おんな城主直虎』ぴあＭＯＯＫ　２０１６年３月発行
『文明・自然・アジール　女領主井伊直虎と遠江の歴史』　夏目琢史著　同成社　２０１６年８月発行
『国別　守護・戦国大名事典』西ヶ谷恭弘編　東京堂出版　１９９８年９月発行
『滋賀県の歴史散歩　下　彦根・湖東・湖北・湖西』滋賀県歴史散歩編集委員会編　山川出版社　２００８年５月発行

『新修彦根市史』 彦根市史編集委員会編 彦根市
『井伊直憲―彦根藩最後の藩主』 北村寿四郎著 西村忠編 彦根史談会 2001年発行
『彦根藩の藩政機構』 藤井譲治ほか編 彦根城博物館叢書4 サンライズ出版 2003年3月発行
『幕末維新の彦根藩』 佐々木克編 彦根城博物館叢書1 サンライズ出版 2001年3月発行
『引佐町史 上巻』 引佐町 1991年3月発行
「列伝 井伊家十四代」 国宝・彦根城築城400年祭実行委員会HP
『剣と紅』 高殿円著 文春文庫 2015年5月発行
『井の国 千年物語』 「井の国千年物語」編集委員会編 引佐町教育委員会 2005年5月発行
『井の国物語』 谷光洋著 光山房出版
『女にこそあれ次郎法師』 梓澤要著 新人物往来社 2006年1月発行
『資料に見る 江戸時代の世田谷』 下山輝夫編 岩田書院 1994年12月発行
『徳川家康天下取りへの道』 浜松市博物館編 浜松市博物館 2015年11月発行

本書は、書き下ろしオリジナル作品ですが、第6章以降では、
2010年小社より刊行された『藩史物語2』(八幡和郎 著)
の一部を、大幅に改訂の上、使用している箇所があります。

八幡和郎―評論家、歴史作家、徳島文理大学教授、1951年、滋賀県大津市生まれ。東京大学法学部を経て1975年通商産業省入省。フランス国立行政学院（ENA）留学。パリ産業調査員、通商産業省北西アジア課長、官房情報管理課長、国土庁長官官房参事官などを歴任し、1997年退官。2004年より徳島文理大学大学院教授。2016年より国士舘大学大学院客員教授併任。著書に『最終解答 日本近現代史』『戦国大名県別国盗り物語』（PHP文庫）『デジタル鳥瞰 47都道府県庁所在都市 東日本編・西日本編』『江戸300藩 読む辞典』（以上、講談社）など多数。

八幡衣代―1961年東京都生まれ。日本女子大学住居学科卒業、東京大学大学院修士（建築学）修了後、東京都都市計画局勤務で都市計画、耐震診断（防災）に関わる。90～93年夫・和郎氏の赴任に伴いパリに居住。大津市、滋賀県男女共同参画審議会委員を歴任し、男女共同参画に関する活動に関わる。共著に『浅井三姉妹の戦国日記』（文春文庫）、『「篤姫」と島津・徳川の五百年』（講談社文庫）がある。

講談社+α文庫 井伊《いい》直虎《なおとら》と謎《なぞ》の超名門《ちょうめいもん》「井伊家《いいけ》」

八幡和郎《やわたかずお》 八幡衣代《やわたきぬよ》

2016年11月17日第1刷発行

発行者―――鈴木 哲
発行所―――株式会社 講談社
東京都文京区音羽2-12-21 〒112-8001
電話 編集(03)5395-3522
販売(03)5395-4415
業務(03)5395-3615

デザイン―――鈴木成一デザイン室
カバー印刷―――凸版印刷株式会社
印刷―――慶昌堂印刷株式会社
製本―――株式会社国宝社

落丁本·乱丁本は購入書店名を明記のうえ、小社業務あてにお送りください。
送料は小社負担にてお取り替えします。
なお、この本の内容についてのお問い合わせは
第一事業局企画部「＋α文庫」あてにお願いいたします。
Printed in Japan ISBN978-4-06-281701-1
定価はカバーに表示してあります。